さつま人国誌

幕末・明治編

4

はじめに——明治維新一五〇年に際して

今年(二〇一八年)は明治維新からちょうど一五〇年にあたる。

今から一五〇年前といえば、慶応四年(一八六八、九月八日改元で明治に)である。前年の大政奉還から王政復古政変によって、事実上、徳川幕府が廃止されたのち、鳥羽伏見の戦いをきっかけに戊辰戦争が始まり、戦争は断続的に一年半にも及んだ。その間、新政府は国政や外交を担う力量を蓄えていき、幕藩体制から近代天皇制国家へと大きく転換することになった。

わが国が近世から近代へと移行することになったこの歴史的な大変革の中心にいたのは薩摩藩だった。島津斉彬と久光兄弟という開明君主を戴きながら、小松帯刀、西郷隆盛、大久保利通という薩摩の三傑による指導と結束、その下での決断力は他の追随を許さないものがあった。

ところが、明治三年(一八七〇)に小松が他界し、同六年(一八七三)に征韓論で西郷と大久保が決裂してしまい、さらに同十年(一八七七)の西南戦争は旧薩摩藩の人士が敵味方に分かれたばかりか、双方に多数の犠牲者を出し、鹿児島県だけでなく熊本県や宮崎県などにも多くの厄災や傷跡を残した。

大変革は進歩や発展をもたらすことがあっても、ときとして分裂や抗争による犠牲や被害も伴う。明治維新一五〇年にあたり、本書が故郷の先人たちの活躍や貢献とともに、苦闘や犠牲についても考えるきっかけになればよいと考えている。

ところで、本書は南日本新聞に二〇一七年三月までに連載していた「さつま人国誌」から幕末維新関係の記事六〇回分をまとめたものである。幕末・明治編もう4巻目になった。取り上げている人物は西郷隆盛、大久保利通、小松帯刀、天璋院篤姫のほか、五代友厚は一章分をあててかなり詳細に書いている。そのほか、薩長同盟、奄美の「勝手世」運動、新選組と薩摩藩など興味深いテーマが満載である。一話完結のスタイルなので、関心のあるところから読んでみるという方法もお勧めである。

なお参考文献の表記について、あらかじめお断りしておきたい。本書では『鹿児島県史料』(鹿児島県発行)を基本史料の中心にしている。同史料の諸本が頻出するため、注では以下のように簡略化して表記していることをお断りします。


斉彬公史料一〜四……『鹿児島県史料　斉彬公史料』第一〜四巻　鹿児島県歴史資料センター黎明館編　鹿児島県

忠義公史料一〜六……『鹿児島県史料　斉彬公史料』第一〜六巻　鹿児島県維新史料編さん所編　鹿児島県

旧記雑録後編一〜四……『鹿児島県史料　旧記雑録後編』第一〜四巻　鹿児島県維新史料編さん所編　鹿児島県

旧記雑録追録一〜八……『鹿児島県史料　旧記雑録追録』第一〜八巻　鹿児島県維新史料編さん所編　鹿児島県

玉里島津家史料一〜九……『鹿児島県史料　玉里島津家史料』第一〜九巻　鹿児島県歴史資料センター黎明館編　鹿児島県

薩摩藩法令史料集一〜四……『鹿児島県史料　薩摩藩法令史料集』第一〜四巻　鹿児島県歴史資料センター黎明館編　鹿児島県

目次

第三章　五代友厚の生涯と業績

第四章　個性豊かな薩摩の群像

第五章　藩外人と薩摩藩

第六章　藩内外の事件や史跡・文化

第一章　西郷・大久保・小松・篤姫の逸話

西郷隆盛と間違えられた小田原瑞哿

――重富島津家の大柄な侍医

西郷隆盛の写真はいまのところ発見されていない。西郷は写真嫌いだったから、もともと写真は存在していないともいわれている。

そのためか、謎や憶測が広がり、これまで何度も西郷だという写真が流布されてきた。有名なのはフルベッキ写真と呼ばれ、オランダ系アメリカ人の宣教師フルベッキが中心になった集合写真である。維新の志士たちが勢ぞろいし、そのなかのいかつい顔をした大柄の人物が西郷だといわれたことがあった。しかし、明らかに誤りで、フルベッキとその子息のほか、佐賀藩の藩校「致遠館」の学生たち数十人が写っているだけである。

もう一点、それよりも信憑性があるように信じられていた写真がある（次頁写真参照）。この写真はすでに昭和初期から知られており、右から二番目の椅子に座っている肥満体の男が西郷隆盛ではないかという説があった。そして半世紀以上前の一九六五（昭和四〇）年には、学会誌の論文として発表されたこともある。筆者の渡辺武氏はこの写真に写っている人物を、右から大久保利通、西郷、島津珍彦《うずひこ》（島津久光三男）、島津忠欽《ただたか》（久光四男）、不明、伊藤博文だと比定した（＊1）。

　しかし、翌年、勝目清氏（元・鹿児島市長）が渡辺説に反論した（＊2）。西郷とされた人物は重富島津家の侍医小田原瑞哿《ずいか》であり、大久保とされた人物は橋口半五郎（島津忠欽の家臣）、

重富島津家の人々　「図録 維新と薩摩」より
右から２番めが小田原瑞哿。

また珍彦と忠欽の兄弟の位置も逆で、右が忠欽、左が珍彦である。もっとも、左の二人は久光六男の忠済《ただなり》とその家臣ではないかと推定されるが、確定には至らず不明だという。勝目氏は重富島津家の関係者に取材しているから、まず間違いないだろう。

　なお、この写真は明治初年、著名な写真家だった内田九一《くいち》が撮影したもので、同十年頃、来日したフランス人が母国に持ち帰ったもの。撮影場所は東京・浅草瓦町にあった内田の写真館であることを古写真研究家の森重和雄氏が特定したという（＊3）。

　要するに、この集合写真は島津氏の一門四家のひとつである重富島津家、その当主だった久光（当時、忠教）の子弟とその関係者が写っているのである。西郷と間

小田原瑞咢の墓
＝始良市紹隆寺墓地

違われた小田原瑞咢について、重富島津家の当主となった珍彦の長女明子（のち今和泉島津家に嫁す）はこの写真をよく見ており、瑞咢のことを「スイカ（西瓜）」と呼んで、よく記憶していたという（＊4）。

瑞咢の墓が重富島津家の墓所である紹隆寺墓地にあるのを知って訪れたことがある。墓石の正面には「小田原一大人墓」、残りの三面には、息子と思われる小田原周輔によって、その略歴と没年などが刻んであった。

それによれば、瑞咢は通称を一（「はじめ」か）、諱を時雍（読み不明）といい、愛山と号した。八歳のときから「島津侯」（忠公《ただきみ》と久光か）のそば近くに仕え、王政維新のときには侍医として珍彦とともに諸国をめぐったという。没年は明治二十一（一八八八）年三月十二日で、享年六十三歳。

逆算すれば、生年は文政九（一八二六）年だから、西郷より一歳年上で同世代だった。一枚の写真から、その死後、妙な形で脚光を浴びた人物である。

＊1　渡辺武「西郷隆盛の肖像―「西郷写真」と「幕末の人相書」をめぐって」『日本歴史』二〇六号　一九六五年

＊2　勝目清「西郷隆盛の写真について―渡辺武氏の所論にことよせて―」『日本歴史』二一三号　一九六六年

＊3　石黒敬章「西郷隆盛　西郷写真の謎を追う」『文藝春秋SPECIAL』平成二十四年季刊夏号　二〇一二年

＊4　＊2に同じ

郭公亭と採薪亭

――西郷と月照の密会場か

清水の舞台で知られる京都・清水寺。その奥まった山林のなかにかつて清閑寺《せいかんじ》という古《こ》刹《さつ》があった。現在は無住である（現・京都市東山区清閑寺山ノ内町）。

以前、その地を訪れたことがある。同寺には郭公亭《かっこうてい》という茶室があったといい、幕末の安政年間（一八五四～五九）には西郷隆盛が僧月照《げっしょう》（一八一三～五八）と国事の謀議のために密会した場所として知られている。現在、郭公亭は跡地だけ残して失われ、鐘楼《しょうろう》が再建されている。その前には「大西郷月照王政復古謀議旧址」という大きな石碑が立つ。

一方、西郷が月照と密議をこらしたとされる場所がもうひとつある。薩摩藩の京都菩提寺である東福寺塔頭《たっちゅう》の即宗院《そくしゅういん》の奥に、かつて採薪亭《さいしんてい》という草庵があった。江戸時代後期、同院の十三世・龍河和尚が建立し、二階を雲居、階下を採薪亭と名づけ、茶屋として使われていたという（＊1）。現在、遺構は何もなく草深い空き地になっており、「採薪亭址」という石碑が立っているのみである。

このように、郭公亭と採薪亭は西郷と月照の密会場所として史跡になっている。ともに東山三十六峰の山ふところで、狐狸《こり》が行き交う人里離れた地であり、いかにも密会の場所にふさわしい。

清閑寺の鐘楼（左）と採薪亭跡

もっとも、多少疑問がないわけではない。両者が郭公亭や採薪亭でひそかに会ったことを書いた一次史料（当人たちの日記や書簡など）は存在しないと思われる。密会だから記録には残りにくいかもしれないが、とくに郭公亭については、時系列的にそぐわないのではないかと思われる。

さて、僧月照とはどんな人か。大坂の医者の息子として生まれ、清水寺成就院《じょうじゅいん》の住職蔵海《ぞうかい》に従って出家し、忍向《にんこう》と名乗った。月照は字《あざな》である。天保六（一八三五）年、成就院の住職となり、安政元（一八五四）年二月、弟信海に成就院を譲って隠居して行動の自由を得た（＊2）。

月照は尊王攘夷の思いを抱き、ペリー来航以来、国の行く末に大きな危機感を抱いていた。そして、同憂の士である青蓮院宮《しょうれんいんのみや》（のち中川宮朝彦《あさよし》親王）や摂関家の近衛忠熙《このえただひろ》に接近する。とくに近衛家は清水寺と関係が深いうえ、歌道を家職にしていた関係から、月照は嘉永七（一八五四）年九月ごろ、忠熙の歌道に入門したと、友松圓諦氏は指摘している（＊3）。

西郷との縁も近衛家を介してである。安政五（一八五八）年三月、西郷は島津斉彬の密命を帯びて江戸から京都へ上り、近衛家を通じて、孝明天皇から将軍継嗣問題での内勅を得ようとした。このとき、月照に取り計らいを依頼したのが最初の出会いではないかと思われる。

その後、大老井伊直弼の安政の大獄により、月照は追われる身となり、同年九月、西郷は伊地知正治や有村俊斎とともに、月照を匿い、ひそかに鹿児島に同行している。

したがって、西郷と月照が足繁く交渉したのはわずか半年程度であり、その間、西郷は江戸や鹿児島にも赴いているから、在京期間はもっと短い。

月照が採薪亭に仮寓したのは同四年二月から京都を離れるまでなので、西郷との密会場所だった可能性は高い。しかし、清閑寺などに寄寓していたのはそれ以前のこと。友松氏も郭公亭が謀議の場所とは考えられないと述べている（＊4）。

西郷と月照の親交が半ば伝説化していることの功罪かもしれない。

＊1　ホームページ「臥雲山即宗院」http://www33.tok2.com/home/sokushuuin/about.html
＊2『斉彬公史料三』四二〇号「清水寺忍向阿闍梨略伝」
＊3　友松圓諦『月照』吉川弘文館　一九八八年
＊4　＊3に同じ

安積疏水事業と大久保利通

――開拓の父と尊敬される

　内務卿の大久保利通（一八三〇～七八）が最晩年、もっとも注力していたのは東北振興だった。それは戊辰戦争で疲弊、荒廃した東北地方の復興と、没落する士族層への授産対策を組み合わせた重要な国策だった。

　明治九（一八七六）年六月、明治天皇の東北巡幸に先立ち、東北各地を視察した大久保は右大臣の岩倉具視に次のように書き送った（＊1）。

「陸羽地方は日本の北陬《ほくすう》（北の隅）に位置するも、（中略）山川の便路を開鑿《かいさく》できれば、（日本の）富強の基はこの地にあります」

　大久保は岩倉使節団に参加して、わが国と欧米諸国との国力の違いを痛感した。そして、わが国が欧米諸国に伍して発展するには、まず「民力養成」が重要だと考えていた（＊2）。その国家目標を達成する有力な手立てが東北開発にあると見定めたのである。

　その頃、福島県では官民による安積《あさか》開拓が始まりつつあった。安積地方（現・郡山市）には広大な原野があった。江戸時代から農民たちはこの原野に入植したものの、長く水不足に苦しんできた歴史があった。

原野の西の高地には湖水を満々とたたえる猪苗代湖があった。ここから疎水を引けば、安積の原野を潤せるはずだったが、その間に奥羽山脈が立ちはだかっていたのである。

同県で安積開拓に情熱を燃やしていたのが、開拓掛の中條政恒（旧米沢藩士）だった。中條は郡山の豪商たちを熱心に説いてまわったので、阿部茂兵衛ら二十五人が出資に応じ、民間の開墾会社、開成社を設立した。

開拓者の群像。左から二番目が大久保
＝郡山市・開成山公園

明治六（一八七三）年、中條は大蔵省に申請して、開墾地払い下げと資金七千円の貸し付けを受けることに成功していた（＊3）。

同地を視察した大久保は中條から事業の詳細を聞くと、福島県と開成社による官民協働の開拓事業に心を動かされた。民間の情熱と官の指導が見事に結合した姿に「民力養成」の理想形を見出したのである。

同九年十二月、大久保は部下の高畠千秋と南

麓山の安積疎水

一郎平《いちろうべい》を安積地方に派遣した。二人は安積地方は肥沃であり、猪苗代湖の水路を開鑿すれば、開拓に至適の地であると復命した（＊4）。

同十一年三月、大久保は郡山の桑野村に内務省勧農局の開墾事務本局を設置し、部下の奈良原繁を御用掛として派遣した。同時に、「一般殖産及華士族授産ノ儀ニ付伺」と題する伺書を太政大臣の三条実美に提出した。そのなかで「猪苗代湖疎水費」として三二万一一一〇円の予算を計上したのである（＊5）。

ところが、いよいよ安積疎水事業が本格始動しようとする同年五月十四日、紀尾井町事件により大久保は落命する。大久保は当日朝に訪れた福島県令の山吉盛典《もりすけ》に事業について細々とした注意を与えていたという。

このとき、大久保が山吉に語った将来構想が有名である。維新から最初の十年は兵事多く創業期、次の十年がもっとも肝要で内治を整える時期、その次の十年は守成期で後進に継承してもらう。大久保は第二期まで現役で奮闘するつもりだった（＊6）。

大久保の遺志はその死からわずか三年余で実現した。セメント、ダイナマイトなど最新の土木技術を導入し、「寸志夫《すんしふ》」と呼ばれる民間ボランティアを含め、延べ動員数は八五万人に達した。その結果、一三〇キロに及ぶ疎水が安積の原野に網の目のように張りめぐらされ、一万ヘクタールもの広大な農地に生まれ変わったのである。

現在、郡山では大久保を安積開拓の父として尊敬し、大久保神社まで建立している。

＊1　『大久保利通文書七』一一八四号　大久保家蔵版
＊2　勝田政治『〈政事家〉大久保利通―近代日本の設計者―』講談社　二〇〇三年
＊3　立岩寧『開拓舎の群像　大久保利通と安積開拓』青史出版　二〇〇四年
＊4　織田完之編『安積疎水志』　安積疏水事務所　一九〇五年
＊5　『大久保利通文書九』一六三二号　大久保家蔵版
＊6　『大久保利通文書九』一六七〇　済世遺言　大久保家蔵版

天璋院篤姫の激情
――徳川の立場で薩長を弾劾

二〇〇八年の大河ドラマ「篤姫」以来、天璋院篤姫《てんしょういんあつひめ》（一八三六～八三）は鹿児島ではすっかりおなじみになり、親しまれている。

もっとも、大河ドラマでは描かれなかった、知られざる篤姫の一面がある。それは慶応四（一八六八）年三月の江戸無血開城の和議が成立したのち、篤姫が見せた激しい憤りである。

篤姫は江戸無血開城にあたり、徳川家への寛大な処分を新政府軍（一説には西郷吉之助）に懇願したことは知られている。しかし、同年五月十五日、彰義隊《しょうぎたい》が立てこもる上野寛永寺に薩長をはじめとする新政府軍が砲撃を浴びせて三門《さんもん》（山門）や根本中堂が焼失すると、篤姫の怒りが爆発した。

その最大の理由は三門や根本中堂に掲げられた勅額《ちょくがく》（天皇直筆の額）に新政府軍が砲撃を加えたことだった。篤姫は同年七月九日、上野・輪王寺門跡《りんのうじもんぜき》の能久《よしひさ》親王（一八四七～九五）に次のような書簡を送った（＊1）。

「第一、勅額もある中堂、山門をはじめ、そのほかへ砲撃し、本坊まで焼き払ったことは、薩州はもちろん、その他諸家に至るまで官軍と唱える者にはあるまじき振る舞いで、（中略）悪逆不法のことである」

能久親王は皇族ながら、徳川家ゆかりの輪王寺（上野と日光）の門跡に就任したためか、幕府に親近感をもち、彰義隊の敗北後は東北に逃れて仙台藩を中心とする奥羽越《おううえつ》列藩同盟の盟主に仰がれた人物である。

篤姫は頼りにする能久親王に対して、東北の諸藩が徳川家に忠義を尽くしているので、会津と仙台の両藩が中心となって、薩長をはじめとする「逆賊」を鎮撫できないかと、「徳川家再興の一心」から訴えている。

同日、篤姫は仙台藩主の伊達《だて》慶邦《よしくに》に対しても、同趣旨の書簡を送っていた。

慶邦は徳川慶喜が鳥羽伏見の戦いに敗れたのちも、徳川家の宥免《ゆうめん》と東征の延期、慶喜の処分は公論で公明

天璋院篤姫の銅像　＝鹿児島市・黎明館（鹿児島県歴史資料センター）

正大に行うよう、新政府に建白していた（＊2）。そうした親幕的な立場から、朝敵とされた会津藩の救解《きゅうかい》運動に乗り出し、奥羽越列藩同盟の中核となっていた。さらにいえば、慶邦は先妻が摂関家の近衛《このえ》忠熙《ただひろ》の養女だったから、同じく忠熙の養女として将軍御台所《みだいどころ》となった篤姫の義兄にあたっていた。

そのような縁から、篤姫は慶邦にも協力を求めたのである。その書簡には新政府軍による寛永寺焼き打ちについて、「神敵仏敵盗賊共の振る舞い」と激烈な言葉を吐き、「なかんずく嶋津家は以《もっ》ての外《ほか》なる風聞もあり、このまま口をつぐんでは、当家（徳川家）代々に対して、深く恐れ入ることで忍びがたい」とも述べて実家の非を鳴らしながら、最後に会津藩と力を合わせ、忠義の諸侯とともに「悪逆の者ども」を退治し、徳川家再興を頼み入ると結んでいる（＊3）。

現在の上野・寛永寺根本中堂
＝東京都台東区

これらの書簡から、篤姫は能久親王、仙台藩、会津藩などの連合による新政府の打倒さえ望んでいたことがうかがわれる。

篤姫の最大の願いは徳川宗家を継承した亀之助（のち

家達《いえさと》）の取り立てによるお家再興にあったはずで、これらの書簡にかいま見える言葉は一時の激情にとらわれたものなのかもしれない。

それでも、篤姫が徳川将軍家を打倒した薩長など新政府方に好感情をもっていたとは思えない。篤姫は島津斉彬の養女ながら、あくまで婚家の徳川家を守ろうとする人だったといえるだろう。

＊1　図録『天璋院篤姫展』一七八―一　ＮＨＫプロモーション編　ＮＨＫ・ＮＨＫプロモーション　二〇〇八年
＊2　「仙臺藩主伊達慶邦建言書」明治元年二月二十一日　東京大学史料編纂所『大日本維新史料綱要データベース』明治元年二月二十六日条
＊3　＊1一七八―二

新出の小松帯刀書簡（上）

――斉彬の娘の帰国に同行

数年前、大阪・北浜の料亭花外楼《かがいろう》で桐野利秋の子孫である伊東さんにお会いし、桐野の日記『京在日記 利秋』の原本を拝見させてもらうという貴重な体験をした。

花外楼は天保元（一八三〇）年創業の老舗《しにせ》で、明治八（一八七五）年、大阪会議の舞台となったところである。同会議は征韓論後、分裂した明治政府の再建のため、大久保利通が木戸孝允と板垣退助に呼びかけて実現した。木戸と板垣は国会開設や立憲制を要求、大久保がこれを受諾する形で二人の政府復帰が成った。同楼は大阪会議の成功を記念し、木戸によって命名されたという。

このとき、同楼の女将、徳光正子さんから薩摩の関係者がおいでになったご縁だからと拝見させてもらったのが、秘蔵の小松帯刀書簡だった。繊細な筆跡からすぐに小松の真筆だとわかった。

今回、徳光さんから特別に掲載の許可をいただいたので、小松書簡を紹介したい。

この小松書簡は一巻の巻子《かんす》仕立てで、一歳年上の次兄、相良治部《さがらじぶ》（実名：長発《ながなり》、一八三四～

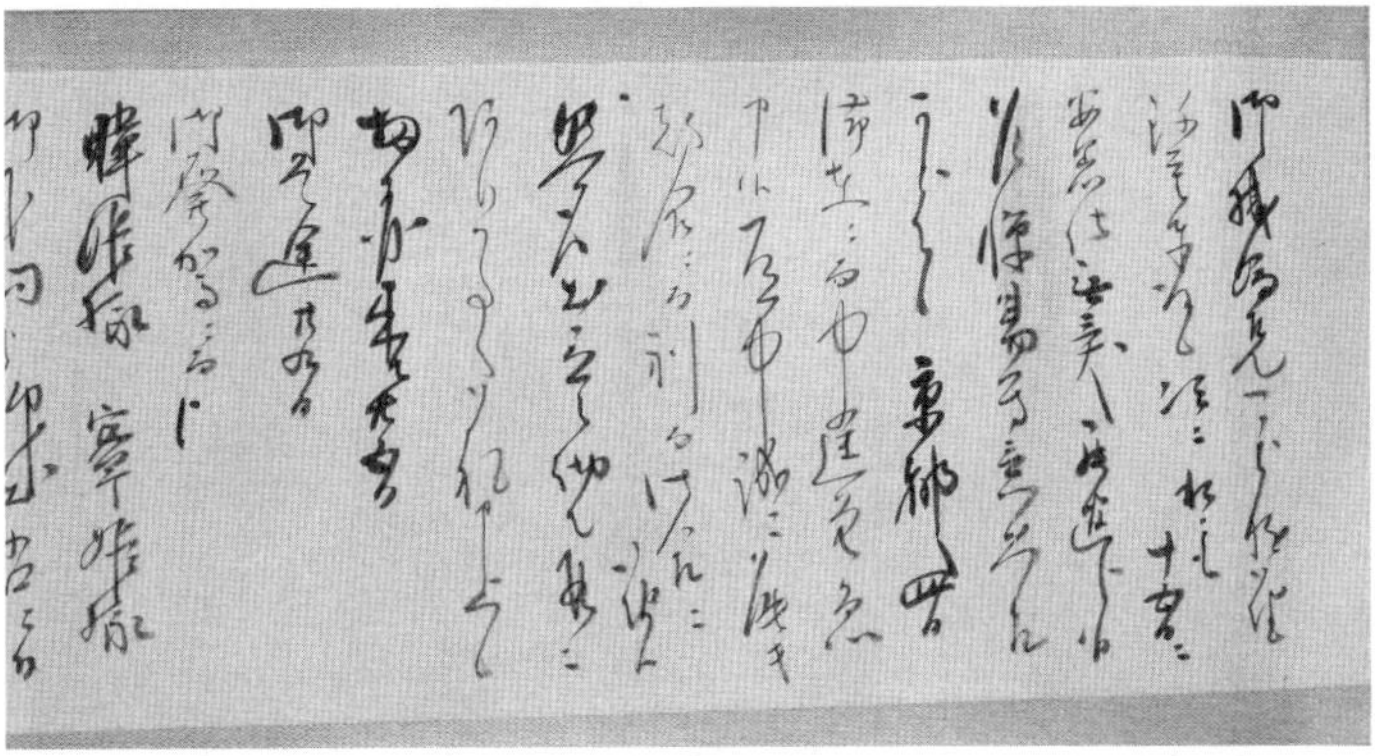

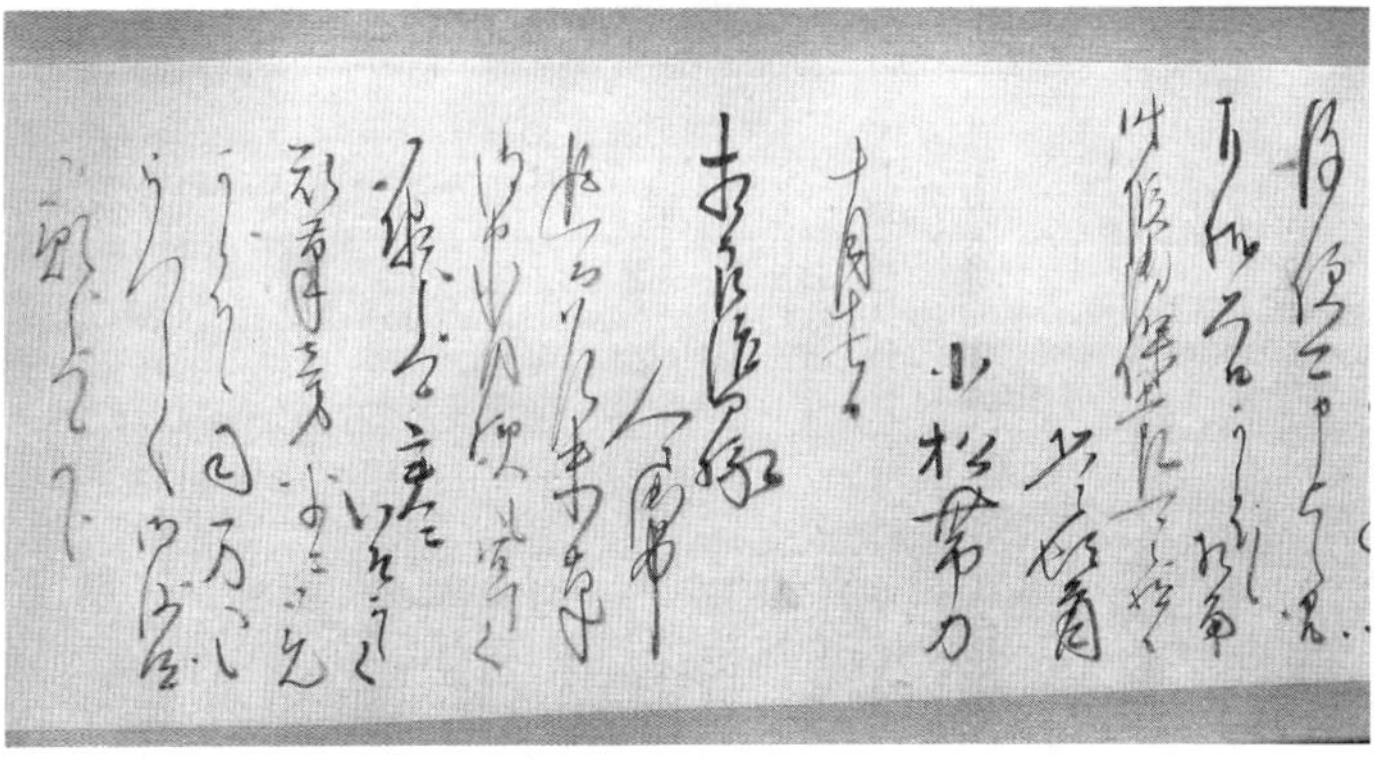

相良治部宛て小松帯刀書簡（巻頭と末尾）
上段末尾に「暐姫様・寧姫様」が見える　＝花外楼所蔵

一九〇八）に宛てたもの。年次と日付は文久二（一八六二）年十月十七日。

文久二年といえば、国父《こくふ》島津久光の率兵上京と江戸下りによる幕政改革、さらに伏見の寺田屋事件や生麦事件が起きた年である。薩摩藩が中央政局に乗り出した年だった。

その間、小松はずっと久光に随行し、同年九月七日、いったん鹿児島に帰国した。それからほとんど休む間もなくふたたび上京し、十月二日入京している（＊1）。

上京の目的はいくつかあった。ひとつは久光の再上京の時機を見極めるため、京都の政情や江戸の将軍家茂《いえもち》や一橋慶喜の上京時期を探ることにあった。もうひとつは、故・島津斉彬の贈官位の申請である。久光の率兵上京による国事周旋が孝明天皇に好感されたのも、斉彬の遺志を継いだものであるとして、改めて斉彬への追贈を朝廷に願い出たのである。小松が関白の近衛《このえ》忠熙《ただひろ》などに探りを入れたら、薩摩藩側の希望よりも一階上の従三位中納言の贈官位になることをつかんでいる（＊2）。

そして、この小松書簡にかかわるのが、江戸の藩邸に滞在する斉彬の娘である暐姫《てるひめ》（一八五一〜六九）と寧姫《やすひめ》（一八五三〜七九）を帰国させることだった。とくに暐姫は藩主島津茂久《もちひさ》（のち忠義、一八四〇〜九七）に嫁ぐことが予定されていた。

二人の姫は徳川幕府の基本政策である参勤交代制により人質として江戸定府《じょうふ》になっていたが、同年閏八月二十二日、これが緩和され、藩主の妻子の帰国は自由になっていた（＊3）。

小松は京都からさらに江戸に下り、二人の姫と同行して京都に戻ってきた。この書簡は江戸在府中に国許の兄に宛てて書かれた私信である。

＊1 「小松帯刀伝」『小松帯刀伝・薩藩小松帯刀履歴・小松公之記事』鹿児島県史料集二一 鹿児島県立図書館

＊2 『玉里島津家史料一』三三七・三三八号

＊3 「昭徳院殿御実紀」文久二年閏八月二十二日条 『続徳川実紀』第四篇 吉川弘文館

新出の小松帯刀書簡（下）

――暐姫、寧姫の帰国とその後

　前節で未公表の小松帯刀書簡（大阪市北浜・花外楼所蔵）を紹介した。文久二（一八六二）年十月十七日付のもので、小松が江戸から島津斉彬の二人の娘である暐姫《てるひめ》（当時十二歳）、寧姫《やすひめ》（当時十歳）を同行して帰国するとき、国許の次兄、相良治部《さがらじぶ》に宛てた私信である。

　その内容を簡単に紹介したい。十月二日に入京した小松は四日間滞在したのち、江戸に下り、十五日に到着した。そして江戸藩邸に残る二人の姫の帰国は首途《かどで》(吉日を選んだ仮の出立)が二十五日となり、実際には二十九日に江戸を発駕《はつが》した。出発にあたり縁起を担いだことがわかる。

　小松は二人の姫の帰国への随行を命じられたことを知らせながら、喜入《きいれ》郷にある実家の肝付家の人々の様子を気遣っている。

「この節までは誠に忙しく、喜入の父上様、母上様その外《ほか》様へ一筆なりともお伺いかたがた申し上げるべきはずのところ、なかなか混雑していて、差し上げられないので、恐れ入りますが、そのことをよろしく御手前様（治部）から仰せ上げて下さい」

小松は多忙を極めていたらしく、家族に一筆も書けない非礼を詫びている。追伸では、治部の夫人にも挨拶し、また「司万」（読みは「しま」か）なる人物にもよろしく伝えてほしいと述べている。「司万」は女性だろう。相良家の人間か、小松の妹だろうか。

さて、小松が随行した暐姫と寧姫のその後である。

島津斉彬の三人の娘。左から典姫、暐姫、寧姫　＝尚古集成館所蔵

小松とともに二人が鹿児島に着いたのは翌文久三（一八六三）年一月二十二日だった。「始めての帰国なり」とある（＊1）。二人はずっと江戸で暮らしていたことがわかる。

藩主の娘が帰国するのは開幕以来二五〇年ぶり、初めてのことだった。だから、その帰国を出迎えようと、鹿児島城下には多数の群衆が集まって熱狂と歓呼の渦となった（＊2）。

「千石馬場は拝上の人数が限りなく込み合い候事夥《おびただ》しく候」

さて、暐姫は斉彬の三女、寧姫は五女とされる。「島津氏正統系図」によれば、二人には斉彬の養女で義姉にあたる篤姫と貞姫（近衛忠房夫人）のほか、二人の実姉がいたが、いずれも夭逝している。斉彬の存命する実子では、暐姫が最年長だった。

二人の貴重な古写真が残っている。斉彬自身が撮影したと伝えられる湿板写真である。左から四女の典姫、暐姫、寧姫である。

このうち、典姫《のりひめ》が二人と一緒に帰国していないのが気になるが、彼女は島津久光の三男で重富島津家の忠鑑《ただあき》（通称珍彦《うずひこ》、一八四四～一九一〇）に嫁いでいる。その時期はよくわからないが、すでに婚姻が成立して帰国していたものか。

翌元治元（一八六四）年二月七日、暐姫と藩主島津茂久《もちひさ》（のち忠義、一八四〇～九七）の内婚が成立している（＊3）。

しかし、二人の結婚生活は短かった。五年後の明治二（一八六九）年三月二十四日、暐姫は長女房姫を出産したが、難産だったらしく、同日不幸にも死去している。享年十九歳の若さだった。房姫もまたわずか三歳で早世している（＊4）。

一方、寧姫は同年六月六日、前《さきの》左大臣の近衛忠房の養女となったうえで、茂久改め忠義の後室となった。明治十二（一八七九）年五月二十三日、寧姫は待望の長男忠宝を産んだが、姉暐姫同様、出産当日に死去。享年二十七歳。忠宝もわずか三カ月後に早世した（＊5）。

暐姫、寧姫は相次いで藩主忠義夫人となったものの、母子ともに短命で薄幸な生涯に終わっており、同情を禁じ得ない。

＊1　「忠義公年譜二」『忠義公史料七』

＊2　「名越時敏日史」文久三年一月二十二日条『鹿児島県史料　名越時敏史料一』　鹿児島県歴資料センター黎明館編　鹿児島県

＊3　＊1に同じ

＊4　『忠義公史料六』二二四号／『島津氏正統系図』　尚古集成館編　島津家資料刊行会

＊5　『島津氏正統系図』　尚古集成館編　島津家資料刊行会

小松帯刀の新写真
——長崎でボードイン撮影

薩摩藩家老、小松帯刀（一八三五〜七〇）の写真はこれまで三点知られていた。撮影時期順（推定）に並べると、

①有名な小松の単独写真

②三人で写った写真

慶応二（一八六六）年六月二十二日、英国東洋艦隊のキング提督、島津珍彦《うずひこ》（久光三男）と（薩摩英国館所蔵）

③五人で写った写真

明治初年（一八六八〜六九）、山口尚芳、朝倉省吾、中井弘、上野景範と（井関盛良《もりとめ》コレクション）

そして今回、四点目の写真④が発見されたのである（次頁写真参照）。その写真は長崎大学附属図書館が所蔵している「ボードイン・コレクション」のなかの一点。同コレクションは幕末に来日したオランダ人医師のアントニウス・フランシスカス・ボードイン（一八二〇〜八五）と、弟でオランダ通商会社の代理人として長崎の出島に赴任したアルベルト・ヨ

ハネス・ボードイン（一八二九～九〇）が撮影、収集したもの。

とくにボードイン兄は文久二（一八六二）年に来日し、三年半にわたり、長崎の養生所、医学所で治療と医学教育にあたった。専門は生理学、外科、眼科である。養生所と医学所は長崎大学医学部の前身である。同大学はそのコレクションをボードインの子孫から譲渡されている（＊1）。

新しく見つかった小松帯刀写真
＝長崎大学附属図書館所蔵

私は二〇一六年十二月、同大附属図書館を訪問し、同館の下田研一さんのご好意により、小松の新写真④を含むコレクションを閲覧させていただいた。

問題は今回発見された小松写真④の撮影場所と時期である。まず場所については、ボードイン兄が出島に診療室をもっていたが、写真撮影を趣味にしており、その近くに撮影スタジオがあったようである。コレクションのなかに、同じ背景や小道具が写った写真が多い。小松が座っている椅子もその小道具のひとつと思われることから、撮影場所は出島にあったボードイン兄のスタジオだと推定される。なお、写真の下部が失われているのは、ボードインの子孫宅が放火されたとき、焼け残ったためである。

次に撮影時期である。それを推定するポイントは、小松の月代《さかやき》（額から頭部の頭髪を剃ること）の有無である。小松は慶応二（一八六八）年五月、藩庁に対して、「頭寒《ずかん》の煩い」のため、月代部分に髪を生やしたい旨の総髪願いを出している。翌六月、総髪願いは藩庁から許可された（＊2写真、②③は総髪である。）。

今回見つかった写真④は月代を剃っている。したがって、総髪願いより以前の時期になる。さらに時期を絞り込む手がかりとして、小松が大久保一蔵にあてた書簡がある。日付は慶応二年四月一日付（＊3）。薩長同盟が締結されてからほどない同年三月五日、小松は西郷吉之助や坂本龍馬、お龍夫妻とともに兵庫を出航し、八日に長崎に着いている（＊4）。

そして、長崎でボードイン兄に会い、眼病を患っていた在京の大久保から頼まれて、目薬の調合をしてもらっていることがわかる（＊5）。総髪願いの二カ月ほど前の出来事であり、今回の写真はこのときに撮影されたのではないかと推定される。

もしそうであれば、写真④写真①よりのち、②より前に撮影されたものだろう。写真④は写真①とくらべると、額のあたりにシミ様のものが浮かび、やつれた表情をしている。

右の大久保宛て小松書簡に「御地（京都）発足前よりの腫物不快」（＊6）とあることから、小松は薩長同盟締結の頃から体調不良だった。それが写真に反映しているのではないだろうか。

＊1　図録『幕末長崎古写真館』　長崎大学・長崎歴史文化博物館　二〇一五年
＊2　『薩藩小松帯刀履歴』　鹿児島県史料集21　鹿児島県立図書館
＊3　『大久保利通関係文書三』　小松帯刀四七　立教大学文学部史学科日本史研究室編　吉川弘文館
＊4　「坂本龍馬手帳摘要」『坂本龍馬全集』増補改訂版　宮地佐一郎編　光風社出版
＊5　＊3に同じ
＊6　＊3に同じ

旧南林寺の島津斉彬の墓

――小松帯刀が熱心に参拝

鹿児島市の松原神社を参拝したとき、境内の一角に意外な墓があるのを見かけた。高さ一メートル程度の宝篋印塔《ほうきょういんとう》である。見逃してしまいそうな墓石だったが、のぞき込んでみると、表に「英徳良雄大居士《えいとくりょうゆうだいこじ》」と刻んであるではないか。

大変驚いた。幕末の薩摩藩主、島津斉彬の法号だったからである。墓石の裏には「源斉彬朝臣《あそん》　遺髪」と朱を入れて刻んであった。斉彬の遺髪塚のようである。

松原神社はもとは南林寺（山号は松原山）といい、島津氏中興の祖で島津義久や同義弘の父である島津貴久（一五一四〜七二）の菩提寺である。貴久の殿号《でんごう》が南林寺殿だったことにちなむ。明治初年の廃仏毀釈ののち、山号をとって松原神社となった。

同じ島津一族とはいえ、なぜ南林寺跡＝松原神社に斉彬の遺髪塚があるのか。

斉彬は安政五（一八五八）年七月八日、天保山の操練所で軍事調練の指揮にあたっていたが、折からの炎熱のために体調を崩して病床についた。ところが、思いのほか重篤で、ついに十六日他界した。死因は赤痢だったともいう。享年五十の若さだった。

他界する前夜の深更、斉彬は側近の山田壮右衛門を呼び寄せると、口許まで壮右衛門の耳を近づけさせて遺言を託した。一門四家のひとつである重富家の島津忠教《ただのり》（のち久光）の一子、又次郎（のち茂久、忠義）に家督を相続させることなどを告げたのち、墓所についても次のように言い残している（＊1）。

「御石塔は福昌寺・南林寺えも、小さなる御石塔建て候様（福昌寺へ御骸《おんむくろ》、南林寺へ御遺髪を埋められたり）」

島津斉彬の遺髪塚
＝鹿児島市・松原神社

斉彬は島津家の菩提寺である福昌寺だけでなく、南林寺にも石塔を建立するように遺言したので、福昌寺には遺骸を、南林寺には遺髪をそれぞれ納めることになったというのである。松原神社の斉彬の墓はその遺言どおりに建立されたことになる。

なお、異説もある。島津家の祭

祀記録によれば、福昌寺の本墓とは別に、江戸・高輪の大円寺（江戸の島津家位牌所）に招魂墓が造られたが、鹿児島に改葬されたとある。改葬先は鹿児島市松原町大門口とあり、現在の松原神社だろう（＊2）。

さて、この斉彬の墓に熱心に参拝した人物がいる。幕末の薩摩藩家老、小松帯刀である。『小松帯刀日記』のうち、斉彬死後の万延元年と文久元年（一八六〇～六一）の二年間を読むと、小松はほとんど毎月、一日かその直後と、二十三日の二回、南林寺を参拝している。その回数は福昌寺よりも圧倒的に多い。

たとえば、万延元年三月二十三日条には「九つ過ぎ（午後零時過ぎ）御暇、南林寺殿大中《だいちゅう》公《こう》・英徳公御両殿参詣、帰宅」とある。大中公は貴久で、法号「大中良等庵主《だいちゅうりょうとうあんしゅ》」のこと。小松は南林寺の貴久と斉彬の墓に詣でている。また閏三月一日にも「南林寺大中公・英徳公御両殿へ参詣」とある（＊3）。

なぜ毎月、この二回なのかといえば、貴久の祥月命日が六月二十三日だから、月命日の二十三日に参詣しているのはわかる。ところが、斉彬の祥月命日は七月十六日なのに、月命日の十六日にはなぜか参詣していない。その理由は不明である。

小松は周知のとおり、肝付家の出身で、斉彬の小姓をつとめていたが、養嗣子として小松家の家督を継いだ。その家督相続を許可したのは斉彬だった。小松が斉彬に御恩を感じていたゆえの参拝だったのか。あるいは文久元年から国父久光の率兵上京が日程に上っていた。これは久光が亡兄斉彬の遺志を継ぐ事業だとされた。小松はその成就を祈って南林寺に詣でたのかもしれない。

＊1　『斉彬公史料』二三六号
＊2　田村省三「『御祭祀提要』」『尚古集成館紀要』五号　一九九一年
＊3　『小松帯刀日記』　鹿児島県史料刊行会

第二章　小松帯刀宿舎「御花畑」と薩長同盟

近衛家別邸「御花畑」の所在地（上）

――小松帯刀京都宿舎の全貌

二〇一六年五月から、鹿児島県歴史資料センター黎明館で企画展「幕末薩摩外交」が開催された。その展示を見学して衝撃を受けたのが、京都にある近衛家別邸「御花畑」の絵図（＊1）だった。

色付けされた図面には小川が流れ、池や庭園もある。建物も母屋その他を含めて相当な規模だった。いかにも摂関家筆頭である近衛家の別邸にふさわしい広大さに驚かされた。

もうひとつ注目したのは、絵図に地名（町名）が記入されていたことである。北端に「鞍馬口通小山町」、西端に「室町通森之木町」、南端に「薮之内町」、東端南側に「中町」とあった。これは「御花畑」の所在地を示す重要な手がかりだった。

私は大きな感慨にとらわれた。なぜかといえば、八年以上前から「御花畑」の所在地を探していたからである。その調査の中間報告は何度か本書などでも紹介したことがある（＊2）。

「御花畑」にこだわったのは、その地が小松帯刀の宿舎だったからである。同所が小松の宿舎だったことは古くから知られ、たとえば、伝記作家の勝田孫弥は「洛北鞍馬口に在

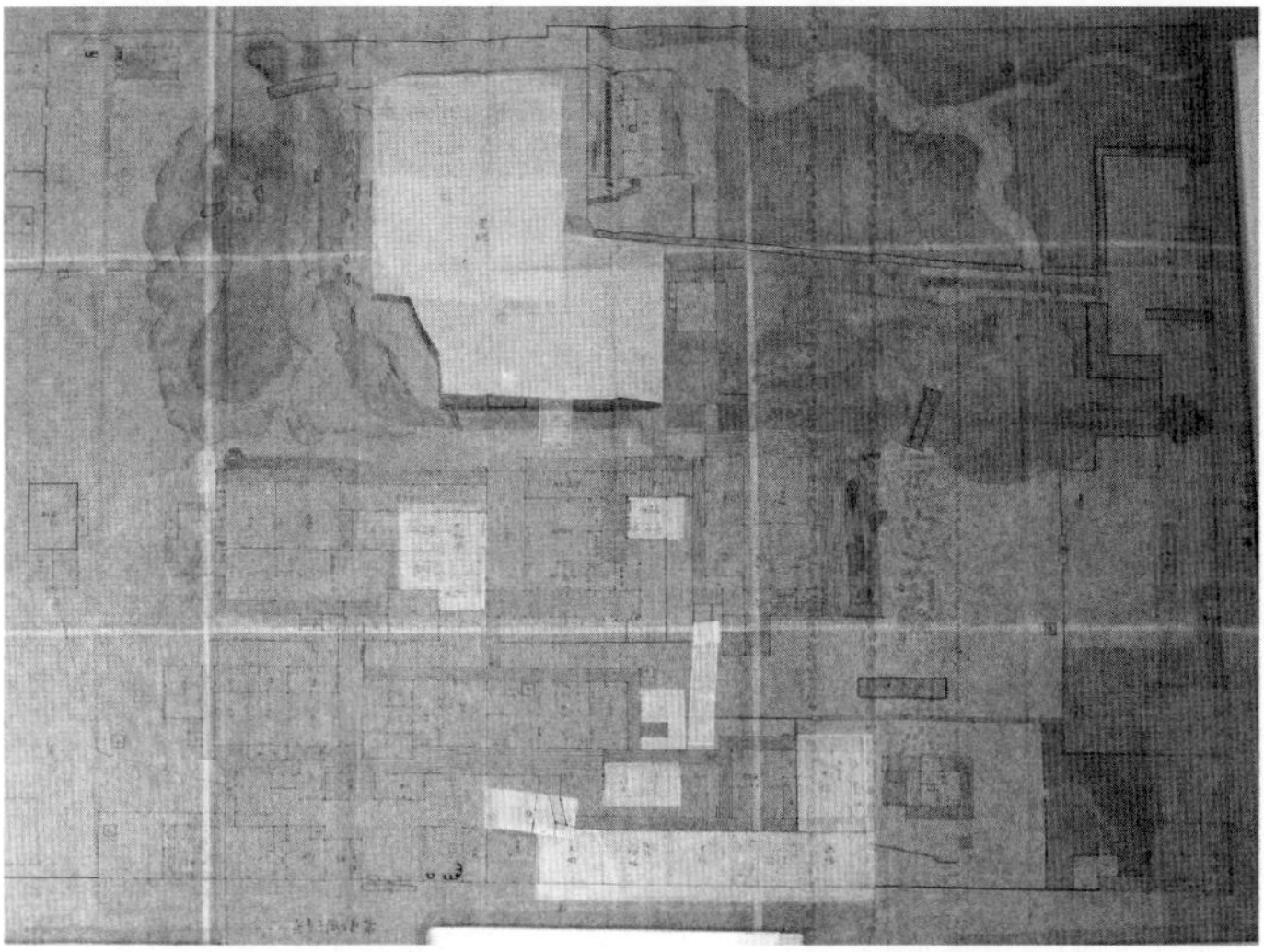

近衛家別邸「御花畑」絵図（下が北、左上に屋敷の張り出しあるが省略）＝鹿児島県歴史資料センター黎明館蔵　玉里島津家資料

る、近衛家の御花畑」に小松が住んでいたことを記していた（＊3）。

勝田の著書は二次史料だったため、より信頼のおける一次史料で確認できないかと史料を探索した結果、ようやくその所在地を示唆する史料を見出した。薩摩藩士で近衛家に出向していた葛《かつら》城《ぎ》彦一《ひこいち》の伝記に収録された日記の元治元（一八六四）年十月十四日条に「近衛家室町頭《むろまちかしら》之御花畠御屋敷」という記述があるのを見つけたのである（＊4）。そしてそれをもとに小論をまとめた（＊5）。

そのなかで、「御花畑」のある「室町頭」は、現在の京都市上京区室町頭町ではないかと推定した。烏丸通りを隔てて相国寺の西、薩摩藩の二本松藩邸（現・

同志社大学今出川キャンパス）から北東に約二〇〇メートルの一帯である。そのように推定したのは、地名がほぼ同じなのと、幕末期の古絵図「慶応四年京都細見図《さいけんず》」にも相国寺の西に「室丁（室町）頭上半丁（町）」と同「下半丁」と記載されていたからである。

その後、京都在住の歴史地理学者の中村武生氏が主要な薩長土三藩の藩士の京都での居所をまとめた論文で、「室町頭」の位置を修正した。幕末に刊行された「元治新撰皇都細見図」などを典拠にして、「御花畑」は「室町通鞍馬口付近」に存在したと新たに推定したのである（＊6）。

今回見つかった「御花畑」絵図に記入された地名は、まさに中村氏の推定を裏付けるものだった。中村氏によれば、屋敷の正門が鞍馬口に面しているので、「御花畑」の位置表記は「鞍馬口通室町東入ル小山町」と呼ぶべきだとする。

さらにその後、京都在住の歴史研究家、原田良子氏が明治初年の地租改正に関する行政文書（京都府立総合資料館所蔵）から「御花畑」の図面や記録を発見した。それにより、「御花畑」の位置が右の絵図の地名と重なり、坪数が一七九六坪余もあることがわかった。

このように、「御花畑」の位置、規模などが明らかになってきたのは喜ばしい。

＊1　『玉里島津家資料』　鹿児島県歴史資料センター黎明館所蔵

＊2　拙稿『さつま人国誌』幕末・明治編2　南日本新聞社　二〇一三年

＊3　勝田孫弥『甲東逸話』　富山房　一九二八年

＊4　山内修一『薩藩維新秘史 葛城彦一伝』　葛城彦一伝編輯所　一九三五年

＊5　拙稿「薩長同盟はどこで結ばれたのか―小松帯刀の京都邸「御花畑」を探す」『歴史読本』二〇一〇年三月号　新人物往来社

＊6　中村武生「幕末期政治的主要人物の京都居所考―土佐・長州・薩摩を中心に」『建築と権力のダイナミズム』御厨貴・井上章一編　岩波書店　二〇一五年

近衛家別邸「御花畑」の所在地（下）

薩長同盟の密かな舞台

前回、近衛家別邸「御花畑」の位置や規模が判明したことを紹介した。それでは、屋敷内の建造物などはどうだったのだろうか。

京都在住の歴史研究家、原田良子氏が発見した明治初年の「御花畑」絵図面（京都府立総合資料館所蔵）によれば、瓦平屋建て（母屋か）の二〇四坪余、瓦住居二階建ての一〇坪、瓦平屋長屋の一六二坪をはじめ、土蔵、湯殿雪隠、門三カ所、同番所、納屋、社《やしろ》などがあったことがわかる（＊1）。

じつは、それ以前の「御花畑」の様子の一端がわかる史料がある。文久元（一八六一）年六月、安政の大獄により謹慎中だった前左大臣《さきのさだいじん》、近衛忠熙《ただひろ》の桜木御殿（賀茂川東岸、現・京都大学医学部附属病院あたり）を増改築するにあたって、近衛家の家司《けいし》、瀧《たき》家に伝わる造営日記がある（＊2）。

それによれば、約一年にわたる桜木御殿の工事中、主人の忠熙は「御花畑」に一時仮住まいしたことがわかる。薩摩藩家老の小松帯刀が宿舎にする以前のことである。

そのほか、「御花畑」にあった「御物見」（物見櫓か）を解体して桜木御殿に移築している。

また「御花畑」の「御舞台」にあった畳や襖なども桜木御殿に移転させている。これは能舞台ではないだろうか。「御花畑」には物見櫓や能舞台もあった可能性が高い。

さて、「御花畑」が歴史上、大きく浮上するのは、やはり慶応二（一八六六）年一月の薩長同盟締結の交渉の舞台としてである。そのいきさつを、長州藩使節の木戸貫治《かんじ》（のち孝允）一行の動向から見てみよう。

木戸一行は同年一月四日に大坂に着き、翌五日に伏見に達した（＊3）。そして八日、西郷吉之助のほか村田新八、中村半次郎、篠原国幹などが迎えに出ている（＊4）。

その日のうちに木戸一行は入京する。はじめ西郷の邸宅（相国寺東の塔之段周辺）に三、四日ほど滞在したのち、「御花畑」に移っていることが木戸に同行した品川弥二郎の回想でわかる（＊5）。

「御花畑」について証言した品川弥二郎　＝「幕末明治の人物と風景」より

その後、薩摩藩家老の桂久武が十四日に「御花畑」を訪れたとき、木戸と初めての挨拶を交わしている（＊6）。それにより遅くとも十四日には木戸一行は「御花畑」に移っていた。

「御花畑」標柱

それから十八日に「御花畑」で、薩摩藩の重役である小松、島津伊勢、桂（以上家老）、西郷、大久保一蔵、吉井幸輔、奈良原繁と木戸が深更まで「国事」について話し合っている（右同書）。

二十日晩には、木戸一行の「別盃」が「御花畑」で開かれている（右同書）。翌二十一日が薩長同盟の締結日として有力である。そうであるなら、その成り行きのまま、木戸一行は「御花畑」に滞在していた可能性が高い。

二十一日当日、木戸一行が「御花畑」に滞在していたことを示す一次史料は今のところ見出せないが、品川の後世の回想に次のようにある（＊7）。

「当時小松帯刀が住んでゐた近衛屋敷の花畑に移り、翌年丙寅《へいいん》の正月下旬迄、之《これ》に居った」

「翌年」は前年末、長州を出発したのを受けた表記である。丙寅は慶応二年の干支《えと》であるから、同年の一月下旬まで「御花畑」に滞在していたことになる。

『桂久武日記』や品川の回想から、木戸一行はずっと「御花畑」に滞在し、当然、そこで同盟が締結されたと考えられる。「御花畑」は薩長同盟締結の舞台になったといえるだろう。

＊1　原田良子・新出高久「薩長同盟締結の地『御花畑』発見」『敬天愛人』三四号　西郷南洲顕彰会　二〇一六年
＊2　石田善明編『近衛家家司瀧家関係文書』下　私家版　二〇一一年
＊3　木戸孝允「薩長両藩盟約に関する自叙」『木戸孝允文書八』二号　日本史籍協会編　東京大学出版会
＊4　＊3／「品川弥二郎薩邸潜伏中の苦心」『公爵山県有朋伝』上巻　徳富蘇峰編　マツノ書店復刻
＊5　「品川弥二郎述懐談」　雑賀博愛『大西郷全伝三』　大西郷全伝刊行会　一九三七年
＊6　『桂久武日記』慶応二年一月十四日条　鹿児島県史料集刊行委員会編　鹿児島県立図書館
＊7　『侯爵山県有朋伝』第三篇第十章　徳富猪一郎編述　山県有朋公記念事業会　一九三三年

薩長同盟の成立（上）

――木戸孝允一行の入京

前節で紹介したように、小松帯刀の京都寓居である近衛家別邸「御花畑」で薩長同盟の合意が成立した可能性が高い。

では、薩長同盟はどのようにして成立したのか、「御花畑」での薩長交渉を中心に考えてみたい。薩長側の史料を読み込むと、そこには薩長同盟についての一般的なイメージと異なる姿が浮かび上がってくる。

まず薩長交渉の発端となったのは、慶応元（一八六五）年十二月、薩摩藩士の黒田了介（のち清隆）が下関に赴き、木戸孝允《たかよし》の上京を訴えたことである。黒田と相前後し、坂本龍馬も下関にやってきて、黒田を側面支援している。このとき、黒田は西郷の命により木戸の上京を求めたといわれる（＊1）。

ただ、木戸一行を伴って大坂の薩摩藩邸に入った黒田が西郷に宛てた書簡（翌二年一月七日付）を見ると、西郷の命だったのかどうか、やや疑問も感じる（＊2）。

「さて木戸氏はじつに先生（西郷）のみを偏に慕って、この度上京してきたので、願わくは大儀ながら伏見の藩邸まで同伴するつもりなので、伏見でお待ちになり迎えていただくことはできるでしょうか」

黒田は西郷に伏見で木戸一行を出迎えてほしいと依頼しているが、西郷の命というよりも、黒田の独断だったようなニュアンスが感じられる。木戸が西郷を慕って上京してきたという一節は、黒田が西郷に事後承認を求めているようにも読める。近年、黒田の行動は西郷の内輪での過激論に影響された独断専行だとする説もある（＊3）。

結局、翌八日、西郷は黒田の依頼のとおり、村田新八を伴い、伏見に下って木戸一行を出迎えている。

その日のうちに上京した木戸一行は西郷の邸宅にしばらく滞在したのち、「御花畑」に移り、薩長会談が始まることになる。

しかし、ドラマなどで描かれるように、本格的な会談がなかなか始まらず、両者は無言のままにらみ合いを続けたという通説がいまでも語られる。そのもとと

薩長会談のきっかけをつくった黒田了介（のち清隆）　＝井黒弥太郎「黒田清隆」より

なったのは木戸本人の回想である（＊4）。

「（薩摩側から）懇《ねんご》ろに甚だ厚くもてなされたが、在留からほとんど二旬（二十日間）たっても、まだ両藩の関係についての談合に及ばず、余（木戸）は空しく在留するのを嫌い、一日も早く辞して去らんと欲した」

だが、木戸一行が「御花畑」に滞在していた期間はせいぜい一週間から十日足らずだと思われるから、二旬も空しく時を過ごしたというのは明らかに木戸の誇張である。

それでも、薩摩側が本格的な交渉をなかなか始めなかったというのはありえるかもしれない。というのは、右で見たように今回の会談が黒田の独断がきっかけだったとすれば、薩摩側が準備不足だったのは明らかで、しかも、木戸のような大物にどのような対応をしたらよいか、その方針が定まらなかった可能性があるからである。

ようやく交渉が始まったと思われるのは一月十八日である。この日夕方から小松、島津伊勢、桂久武の三家老のほか、西郷、大久保一蔵、吉井幸輔、奈良原繁といった薩摩藩の在京重役と木戸との間で「国事」について深更まで長時間にわたり会談がもたれたことがわかる。「国事」という言葉が興味深い（＊5）。

では、このとき、何が話されたのだろうか。

＊1 『修訂防長回天史七』 第十六章 末松謙澄著 マツノ書店覆刻
＊2 『西郷隆盛全集五』 五六号 西郷隆盛全集編集委員会編 大和書房
＊3 町田明広「慶応期政局における薩摩藩の動向—薩長同盟を中心として—」『神田外語大学 日本研究所紀要』 九号 二〇一七年
＊4 木戸孝允「薩長両藩盟約に関する自叙」『木戸孝允文書八』 二号 日本史籍協会編 東京大学出版会
＊5 『桂久武日記』 慶応二年一月十八日条 鹿児島県史料集刊行委員会編 鹿児島県立図書館

薩長同盟の成立（中）

――久光の統制と西郷の立場

前回、薩摩藩士の黒田了介（のち清隆）が長州藩の大立て者である木戸孝允を上京させたことを見た。

それについて、黒田が西郷吉之助の密命により動いたというのが通説だったが、近年、木戸の上京要請は西郷の密命ではなく、黒田の独断だという見解が有力になっている（＊1）。しかし、前年の慶応元年（一八六五）十月、坂本龍馬が西郷と大久保一蔵の依頼で長州に行き、広沢真臣らと会見したとき、当事者同士は十分理解しているが、在国の者たちがまだ薩長不和の思いを抱いているので、木戸が長州の使節となって大坂まで上ってくれるよう、龍馬が要請したと長府藩士が明らかにしている（＊2）。このことから、黒田の要請は全くの独断ではなく、龍馬の長州訪問の延長上にある周旋活動ともいえるだろう。

そして、せっかく木戸を迎えたのにもかかわらず、薩長交渉がなかなか進捗しなかった事情についても推測してみた。

一方、別の事情から薩長交渉が始まらなかったという見方もある。折から幕府と朝廷による長州処分が決定されようとしており、その推移と結果を受けてからではないと、本格的な交渉に入れなかったはずだというものである（＊3）。

実際、幕府の長州処分案は慶応二（一八六六）年一月十九日に作成され、翌二十日に朝廷に提出して朝議にかけられ、二十一日に決定される予定になっていたが、朝廷の有力メンバーである尹宮朝彦《いんのみやあさよし》親王の都合により翌二十二日に決定されることになった（＊4）。

当時、薩摩藩は幕府と距離を置き、「勅定奉戴《ちょくじょうほうたい》」（朝廷尊崇）を一義としつつ、殖産興業の発展と陸海軍の充実による「一藩割拠」主義に転じていた。そのため、同じく「一藩割拠」をとる長州藩との和解、接近が具体的な日程に上っていた。

島津久光の方針を在京重役に伝えた家老・桂久武　＝「図録維新と薩摩」より

国父島津久光はそうした立場から、抗幕方針に基づく長州寛典論を新たな藩是に定めていたという（＊5）。長州処分は必至としながらも、寛大なものとすることによって、長州再征＝幕長開戦を回避し、長州藩の中央政局への復帰を勝ち取るという考え方だった。

しかし、久光はそうした自分の統制から逸脱する動きが藩内にあることを探知していた。ほかでもない、西郷吉之助と彼を慕う下級藩士たちである。

慶応元（一八六五）年十二月、宇和島藩前藩主の伊達宗城が久光にあてた書簡に「近日すこぶる暴論に西郷始め変化の由、もっとも両明公《りょうめいこう》（久光、茂久《もちひさ》父子）におかせられては、御依然と持重《じちょう》（自重）と心得候」とあり、西郷が暴論（＝幕府や一会桑勢力との対決論）を唱えていることを知らせながら、藩主父子は自重論に変わりはないかと確認している（＊6）。

それと関連して、家近良樹氏は久光が家老の桂久武を上京させ、久光の方針を在京藩士たちに徹底させ、逸脱が目立つ西郷を同伴して帰国させようとしていたことを指摘している（＊7）。

上京した桂久武は在京重役と面談して久光の方針を伝達した。すると、「（久光の）御深慮の趣、一統万々恐れ入り拝伏《はいふく》に御座候間、頓《とん》と安心いたし候」と、重役や藩士たちが久光の意向に従うことを誓ったという（＊8）。

西郷も久光からの厳しい視線を意識してか、側近の蓑田伝兵衛にあてた書簡（同年十二月二十六日付）で、久光の「御教諭」を「遵奉」することを誓っている。西郷は「邸中の役場両立の説」（在京重役が二派に分裂していること）が久光の耳に入っていることに「驚き入る次第」と恐縮し、否定している（＊9）。

西郷は久光の監視対象であり、桂を通じて帰国させられる予定になっていた。これが木戸一行の入京直前の薩摩藩邸の内情だった。内部に意見の違いを抱えたまま、木戸にどう対応したのだろうか。

＊1　町田明広「慶応期政局における薩摩藩の動向―薩長同盟を注進として―」『神田外語大学　日本研究所紀要』九号　二〇一七年／家近良樹『西郷隆盛―人を相手にせず、天を相手にせよ―』ミネルヴァ書房　二〇一七年

＊2　『吉川経幹周旋記四』第十六　慶応二年二月二日条、長府藩士の時田少輔が岩国吉川家の今田靭負と塩谷鼎助への談話　日本史籍協会

＊3　青山忠正「薩長盟約の成立とその背景」『歴史学研究』五五七号　一九八六年

＊4　『朝彦親王日記二』慶応二年一月二十日条　日本史籍協会編　東京大学出版会

＊5　町田明広「第一次長州征伐における薩摩藩―西郷隆盛の動向を中心に―」『神田外語大学　日本研究所紀要』八号　二〇一六年

＊6　『玉里島津家史料四』一四四五号　伊達宗城書簡の引用部分「西郷始変化の由」について、同史料は「西郷怒罵化の由」と翻刻されているが、意味がとりにくい。この部分を宮地正人『歴史のなかの『夜明け前』―平田国学の明治維新―』（吉川弘文館　二〇一五年）一四七頁では「西郷始変化の由」と読んでおり、こちらが妥当ではないかと思われる。なお、市村哲二「企画展「玉里島津家資料から見る島津久光と幕末維新」展示資料に関する調査報告」（『黎明館調査研究報告』二九集　二〇一七年）でも宮地著書と同様に解釈している。

＊7　家近良樹『西郷隆盛と幕末維新の政局』　ミネルヴァ書房　二〇一一年

＊8　『玉里島津家史料四』一四四九号

＊9　『西郷隆盛全集二』二四号　西郷隆盛全集編集委員会編　大和書房

薩長同盟の成立（下）

――西郷の二面性と秘策

薩摩藩の在京重役たちは意見の相違を抱えたまま、長州の木戸孝允と交渉に臨んだが、すぐさま暗礁に乗り上げた。

『桂久武日記』によれば、慶応二（一八六六）年一月十八日、小松帯刀宿舎「御花畑」で薩長交渉があった。薩摩側は小松以下、島津伊勢、桂久武の三家老と、西郷吉之助、大久保一蔵、吉井幸輔、奈良原繁の重役が木戸と「国事」について深更まで長時間語り合ったことがわかっている（＊1）。

しかし、この交渉により、薩長の立場や意見の違いが浮き彫りになったと思われる。二日後の二十日、木戸は薩摩側に帰国を告げたらしく、「別盃」が行われたことが桂の日記に書かれているからである。

では、両者の立場や意見の違いは何か。長州藩の分家吉川家の公用日記「吉川経幹《きっかわつねまさ》周旋記四」にその手がかりがある（＊2）。薩長交渉の前後、大坂の薩摩藩邸に潜伏していた吉川家の家来二人が薩摩藩の吉井幸輔と税所篤《さいしょあつし》から聞いた話を国許《くにもと》に報告している。それによれば、幕府による長州処分（十万石削減や藩主父子の隠居など）が朝廷に奏上されたことについて、木戸が次のように激しく反発したという。

「木戸の申し分は、昨年の首級（禁門の変の責任者として三家老と四参謀の首級を差し出したこと）によってすべて完了したと述べて、長州処分を遵奉《じゅんぽう》する口ぶりではなかったので、西郷から今日はまずこれを忍ぶべきである。他日、雲霧が晴れて、（久光公が）ご上京の節に（長州への寛大な処分を）嘆願したいと伝えたが、（木戸は）同意する色を見せなかったという」

木戸はすでに長州処分は済んでいるから、これ以上の謝罪は一切必要ないと拒絶したため、形だけでの受諾を求めて長州の復権を実現しようとした薩摩側の方針と対立してしまったのである。これにより、薩長交渉は決裂寸前になった。『桂久武日記』に「別盃」とあるのは、交渉は物別れだと判断した木戸が帰国を申し出たからだろう。

薩長交渉で強硬論を述べた西郷吉之助（のち隆盛）の肖像　＝国会図書館所蔵

しかし、事態は急展開する。そのきっかけは坂本龍馬の登場だったことは間違いない。木戸が龍馬に宛てた直後の書簡（一月二十三日付）で、龍馬のおかげで木戸の考えが小松と西郷に「通徹《つうてつ》」したと礼を述べていることでわかる（＊3）。

龍馬の登場をテコに、木戸の強硬論を受け容れるべきではないかという主張が薩摩側に出てきた。久光の方針から逸脱する傾向が強かった西郷吉之助である。西郷は当初、久光の方針に基づき、長州処分を遵奉すべきだと木戸を説得したものの、不調に終わると、一転して木戸の主張に譲歩する動きを見せた（＊4）。

木戸が薩摩側に「長州のためにどのように周旋してくれるのか」と迫ると、薩摩側（おそらく西郷）が「これは内密だが、よんどころなく洩らしましょう」といい、「現状では薩摩一藩だけでは（一会桑《いっかいそう》勢力に対して）力が及ばない。このうえはぜひ、幕長一戦とならないだろうか。戦端を開いても半年や一年では勝負は決しないだろうから、その間に薩摩の主張（長州への寛大な処分）が実現するかもしれない」

何と、西郷は木戸に幕府との開戦を期待し、それをテコにして、京都政局での主導権を一会桑勢力から奪回するつもりだという秘策を提示したのである。西郷は薩長同盟に戦争をテコにした軍事同盟という狙いを秘めようとしていた。

＊1　『桂久武日記』　鹿児島県史料刊行委員会編　鹿児島県立図書館

＊2　『吉川経幹周旋記四』第十六　慶応二年二月十二日付　井上徳之輔・長谷太郎書簡　日本史籍協会

＊3　『木戸孝允文書二』二号　日本史籍協会編　東京大学出版会

＊4　＊2に同じ　慶応二年二月七日条　岩国吉川家の山田右門（山口詰め）の報告　日本史籍協会

小松帯刀と薩長同盟（上）

――久光・西郷の間で最終決断

前回、薩摩藩の在京重役と長州藩の木戸孝允との交渉が物別れに終わりそうになったとき、西郷吉之助（のち隆盛）が木戸の強硬論に同調したことを述べた。

木戸が長州藩分家の岩国吉川家の家来（山口詰めの山田右門）に語ったところによれば、西郷は木戸に「薩摩一藩だけでは力が及ばないから、このうえは幕長開戦（という非常手段）によって京都政局を転換したい」と述べたという（＊1）。

まさに西郷らしく、戦争による局面打開策を木戸に逆提案したのである。これ以上の謝罪拒絶のうえ、幕府との開戦辞せずという覚悟を固めていた木戸も薩摩側の決意を知って、ここに合意が成立したと思われる。

その証拠に、木戸が坂本龍馬に宛てた有名な同盟の六カ条は、

第一条　開戦した場合

第二条　長州が勝勢の場合

第三条　長州が敗勢の場合

第四条　幕府軍が撤退した場合
第五条　長州藩が藩兵を上京させても、一会桑勢力が遮るとき、一会桑勢力と決戦に及ぶ場合
第六条　長州の冤罪が晴れたら、ともに皇国のために協力すること。

しかし、この六カ条は幕長開戦を回避したうえで、寛大な長州処分を勝ち取るとした国父島津久光の方針から逸脱しているのは明らかだった。だから、この六カ条は久光も関知しない薩長密約だったのである。

と、幕長開戦を想定した内容になっている（＊2）。

小松帯刀の写真。薩長同盟の最終決断を下したと推定される　＝「幻の宰相　小松帯刀伝」より

この点に関連して、薩長同盟の合意文書がなぜ作成されなかったのか、その理由が問題になる。たとえば、長州よりも立場が有利な薩摩側には大した合意ではなかったからだという説がある（＊3）。

しかし、幕長開戦を前提とした密約なのだから、薩摩側にとっても重

大なリスクを背負うことになるのは明らかである。しかも、久光の方針から逸脱しているため、久光の目に触れる合意文書を作成できなかったと考えたほうがよいのではないか。

なお、注意すべきは西郷の決断によって同盟が締結されたわけではないということである。右の木戸書簡に対する龍馬の有名な裏書に書かれているように、この密約に関わったのは、薩摩の小松帯刀と西郷、長州の木戸、そして仲介者の龍馬の四人のみだった（＊4）。

薩摩藩の在京重役のトップが小松であり、薩長交渉が小松の宿舎で開かれたことも考えると、西郷の強硬論と久光の方針をどのように整合させるのか、つぶさに検討したうえで、最終決断を下したのは小松だったと考えたほうがよい。薩長同盟締結における小松の役割を軽視すべきではないだろう。

もっとも、久光の信任厚い小松は当然、帰国後、久光にどのように報告するか、思案を重ねたはずである。推測するに、まず情勢の変化を考慮したのだろう。①幕府の長州処分案を朝廷が勅許したこと、②長州が処分案を拒絶し、幕長開戦を辞せぬ覚悟でいることが判明したこと、の二点が大きい。

小松は新情勢下での長州支援の方法は藩兵の大量上京しかなく、それによる一会桑勢力の牽制、ひいては朝廷の一会桑離れを促進する効果をもたらせる。そしてそれは久光の方針とも矛盾しないと考えたのかもしれない。

実際、久光は小松の報告を是としたのか、藩兵上京計画を承認し、帰国した西郷への厳しい処分も行わなかった。

慶応二（一八六六）年六月、幕長戦争が始まると、小松は薩長同盟を履行すべく活動するのである。

＊1　『吉川経幹周旋記四』第十六　慶応二年二月七日条　岩国吉川家の山田右門（山口詰め）の報告　日本史籍協会

＊2　『木戸孝允文書二』二号　日本史籍協会編　東京大学出版会

＊3　家近良樹『西郷隆盛と幕末維新の政局』ミネルヴァ書房　二〇一一年など

＊4　坂本龍馬「手帳摘要」『坂本龍馬全集』増補改訂版　宮地佐一郎編　光風社出版

小松帯刀と薩長同盟（下）

――藩兵二〇〇〇の上京計画

慶応二（一八六六）年一月二十一日、難産の末、小松帯刀宿舎「御花畑」で薩長同盟が締結された。

この同盟について、かつては明治維新を実現した武力倒幕勢力が形成されたと評価されていたが、近年では朝敵となっていた長州藩の中央政界への復権を目的としていたという見方がほぼ共通認識になっている。

ただ、薩長の結合の度合いや役割の違いについては見解が分かれる。軍事同盟や攻守同盟は過大評価であり、「同盟」という語はふさわしくないという見方と、軍事同盟の性格が強く、あらゆる事態に備えた攻守同盟だと積極的に評価する見方がある。

ここでは別の視点から薩長同盟の性格（とくに木戸孝允書簡にある同盟六カ条）を考えてみたい。軍事同盟であるか否かは、同盟締結から五カ月後に起きた幕長戦争（第二次長州征伐）が起きているので、薩摩藩の関与のしかたから同盟六カ条が履行されたかどうかを検証できるからである。

同年六月七日、幕長戦争の火ぶたが切られた。開戦から一カ月後の七月九日、在鹿児島の家老小松帯刀が在京の大久保一蔵に宛てた書簡に興味深い記事がある（＊1）。

「この節、防長の戦争の様子がわかってきたので、城下一組と諸郷五組の都合一陣を上京させる予定である。その準備中に三邦丸の機械に故障が生じたので、とりあえず番兵（郷士隊）二組と諸郷兵一組の都合三組を豊瑞丸と万歳丸で上京させる手はずです。あとは追々派遣しようと思います」

最初、小松は城下士隊一組と郷士隊五組を上京させようとした。この兵数はどれくらいなのか。一組は小隊に相当し、一小隊は一二〇人内外で編成されるという（＊2）。仮に一二〇人で算出すると六小隊だから、七二〇人ほどになる。もっとも、藩船一隻の故障のため、半分の三組三六〇人ほどを上京させたことになる。

これは幕府側でも確認している。七月十七日、幕府の軍艦奉行・勝義邦《かつよしくに》（のち海舟）は日記に「薩州の蒸気船二艘、兵卒三、

薩摩藩兵の上京幕府の動揺を日記に残した勝海舟　＝国会図書館蔵

四百人上京すという。諸官（幕府の役人）の驚く所なり」と書いている（＊3）。右の小松の計画と日にちや兵数がほとんど一致する。

さらに小松は後続の藩兵動員計画を立てていた節がある（＊4）。それによれば、まず七月十八日に串木野と市来の郷士一組、二十二日に伊集院と郡山の郷士一組をはじめ、合わせて十組を上京させる予定だった。十組の総数は一二〇〇人ほどになる。最初の七二〇人と合わせると、約二〇〇〇人になる。

同盟六カ条の第一条は「開戦となったときは、（薩摩藩は）すぐさま二千余の兵を急ぎ上京させる（後略）」となっており、右の動員計画とこれまたぴたりと一致する。

合意文書こそないものの、小松は同盟六カ条を忠実に履行しようとしていたと考えられる。四年前の文久二（一八六二）年、国父久光が満を持して率兵上京したときでさえ、藩兵は一〇〇〇人だった。その二倍を上京させようとする小松の覚悟が相当なものだったことが理解できる。

実際、薩摩藩兵の上京に、会津藩は動揺し、藩主松平容保《かたもり》は薩摩藩が孝明天皇をどこかに動座させようとしているとして、甲冑着用を命じて臨戦態勢に入っている（＊5）。薩摩藩兵の上京によって、京都の軍事的緊張が高まったのは明らかである。

薩長同盟が軍事的な性格を帯びていたことは明らかであり、小松の主導性も見てとれるのではないだろうか。

＊1　『大久保利通関係文書三』小松帯刀文書五二　立教大学日本史研究会編　吉川弘文館

＊2　『玉里島津家史料九』三〇二〇号では、一小隊の人数を一二六人や九七人／『元帥公爵大山巌』第八章（大山元帥伝刊行会）では、戊辰戦争時で一二一人とする。

＊3　『勝海舟関係資料　海舟日記二』慶応二年七月十七日条　江戸東京博物館・都市歴史研究室編　東京都

＊4　『忠義公史料四』一五九号「諸郷兵上京予備」。これは年次不明だが、同書は慶応二年に比定している。

＊5　『木戸孝允関係文書4』品川弥二郎二九〇　木戸孝允関係文書研究会編　東京大学出版会

薩長同盟のその後

――周旋と武力の二重性

慶応二（一八六六）年六月に幕長戦争（第二次長州征伐）が始まった。それからほどなく、薩摩藩家老、小松帯刀の主導の下、薩長同盟（六カ条の第一条）に従い、藩兵の二〇〇〇人の上京計画が立てられて実行に移されたことを前回紹介した。

では、このうち、実際に上京した兵はどれくらいだったのか。当初、小松は六組（六小隊、七二〇余名）を上京させるつもりだったが、蒸気船の故障により、第一陣として半分の三組を上京させた。それから一週間ほどのちに残りの三組も上京した摸様である（＊1）。

その後も後続部隊が上京した形跡がある。在京の伊地知正治《いじちしょうじ》が国許の吉井幸輔に宛てた書簡（同年八月）で「御邸（京都・二本松藩邸）にこの度五組の猛勢が馳せ加わった」と書いている（＊2）。

この五組は後続一〇組の動員計画のうち、上京日程が決まっていた郷士隊の五組（約六〇〇名）のことではないだろうか。一組めが七月十八日発、五組めが八月四日発予定になっていた（＊3）。

それなら、総勢一二〇〇人前後の藩兵が上京した可能性がある。一方、残りの五組は動員されなかったと思われる。なぜかといえば、八月には幕長戦争は長州藩の勝利が確実で、支援の必要もなくなったからである。

薩摩藩は藩兵の大挙上京をあくまで合法的な行動であると演出した。まず、七月十七日、京都留守居役の内田仲之助《ちゅうのすけ》が、「禁闕《きんけつ》御警衛」のために一隊を入京させると、幕府に届書を提出している（＊4）。

そのうえで、島津久光・茂久の上書を朝廷に提出した。それには幕府海軍による長州領の周防大島への攻撃を「海賊の所業」と断じながら、長州に対する「寛大の詔《みことのり》」を下されるよう要望していた（＊5）。

さらに内田は長州から依頼された「長防士民の歎願書」を国持大名など有力な三二藩に配布して、長州への同情を集める世論工作まで行っている（＊6）。

これらはいずれも薩長同盟六カ条

薩摩藩兵の上京を喜んだ伊地知正治
＝国会図書館蔵

に記された薩摩藩による長州復権のための周旋義務をを履行していたわけである。

しかし、薩摩藩内にはこれを機に、政敵である一会桑勢力に痛打を与えようとする動きが潜在していた。

中津川などの平田国学ネットワークは黒田了介（のち清隆）などから薩長同盟の締結前後から機密情報を引き出している（＊7）。それによれば、同盟の締結から二十日ほどたった頃、次のような情報を入手している。

「（薩摩は）一会桑《いっかいそう》を誅して将軍を大坂城に蟄居させ、薩長が大老となって国政の改革を行う。だからといって、倒幕するわけではない。倒幕だと諸侯の動揺が大きいから、徳川将軍を辞職させ、百万石の諸侯の列に落とし、将軍職は人望に任せて交代すればよい」

多少不正確なところがありそうだが、在京の薩摩藩内では表向きの合法的な周旋活動の一方で、西郷を中心にして、倒幕ではないものの、一会桑勢力への武力発動を秘めていたといえる。

余談ながら、八月二十四日、在京の岩下佐次右衛門《さじえもん》が「将軍様」という人物に書簡を送っている（＊8）。もちろん徳川将軍ではない。勝義邦（のち海舟）からの伝言を伝えているから、「将軍様」は西郷の渾名《あだな》だと思われる。西郷が藩内で武力発動派と目された傍証ともいえようか。

＊1　『西郷隆盛全集二』三八号　西郷隆盛全集編集委員会編　大和書房
＊2　『玉里島津史料四』一五五二号
＊3　『忠義公史料四』一五九号「諸郷兵上京予備」
＊4　北原雅長『七年史』下　マツノ書店覆刻
＊5　『玉里島津家史料四』二二七号
＊6　『玉里島津家史料四』二一二号
＊7　宮地正人『歴史のなかの『夜明け前』―平田国学の明治維新―』第六章「中津川国学者と薩長同盟」吉川弘文館　二〇一五年
＊8　『玉里島津家史料四』一五四三号

第三章　五代友厚の生涯と業績

五代友厚、薩摩から大阪へ（1）

世界への関心、上海密航

二〇一五年秋から翌年春まで放映されたNHK朝の連続ドラマ「あさが来た」で、五代友厚（一八三五〜八五）が一躍注目されるようになった。

五代は漢学者の父秀堯と母やす子（本田氏）の二男として、鹿児島城下の城ケ谷《じょうがたに》（現・鹿児島市長田町）に生まれた。天保六（一八三五）年十二月二十六日のことである。

余談ながら、幕末維新期に活躍した人士のなかで、五代と同じ年に生まれた人が多い。天璋院篤姫、小松帯刀、松方正義、坂本龍馬、土方歳三、松平容保、福沢諭吉などがおり、まさに「花の天保六年組」である。

十二歳のとき、五代は藩校造士館に入った。もっぱら気が荒い仲間たちの喧嘩の仲裁役を果たしていたという。五代は終生、薩摩士族のバンカラ気質とは距離を置いたが、それはすでに少年時代から一貫していた。

五代が早くも世界に目を向けていた逸話がある。父秀堯《ひでたか》は藩主斉彬のそば近くに仕えていたが、あるとき、斉彬から世界地図の模写を命じられた。父はそれをさらに五代に命じた。喜んだ五代は二枚複写し、一枚は斉彬に献上、一枚は手許に残して書斎に貼り付けて、毎日飽きずに眺めていた。

さらに五代は直径二尺余（約六〇センチ）の球をつくり、模写した世界地図をうまく球形に写し直して球に貼り付け色彩を施し、地球儀を制作したという。五代、十四歳のときである（＊1）。

五代友厚の生誕地跡　＝鹿児島市長田町

もっとも、最近、父秀堯が模写した「新訂萬国全図」が公表され、模写は父を長男徳夫と妻やすが手伝ったという。模写は天保十年（一八三九）に完成したこともわかり、五代は四歳なので模写には関わっていないことが明らかになった。

五代の転機となったのは、安政四（一八五七）年、オランダが幕府に協力した長崎海軍伝習所に派遣されたことである。五代は二十三歳だった。ここで航海、砲術、測量、数学などを教習する機会を得た。同所は幕臣だけでなく諸藩士にも門戸を開いた。幕臣は幹部の勝麟太郎（のち海舟）のほか、中島

五代友厚

三郎助《さぶろうすけ》、榎本釜次郎（武揚）、赤松大三郎、松本良順など。諸藩士も多く、佐賀藩の佐野常民、中牟田倉之助などが有名である。

薩摩藩からはのちに五代との縁が深くなる松木弘安《こうあん》（のち寺島宗則）もいた。またその後、五代の部下となり、一緒に英国に留学した堀孝之とも親しくなった（＊2）。堀は長崎出身でオランダ通詞の家に生まれたが、のちに薩摩藩士となる（＊3）。

翌五年七月、藩主斉彬の急死により、五代は一時帰国を命じられたが、翌六年五月、ふたたび長崎留学を命じられる。このとき、五代は驚くべき行動に出る。

五代は友人でオランダ通詞の岩瀬公圃《こうほ》（徳兵衛）から、貿易視察という幕命で上海に渡航するという話を聞き込んだ。五代はひそかに藩当局の許可を得たうえで、無理だという公圃に懸命に頼み込み、水夫に扮して一行に加わることができた。露見すれば命さえ危ない密航だった。

五代龍作の右同書によれば、五代は上海に着くと、ドイツ汽船ジャウジキリー号の売却の噂を聞きつけた。これを購入しようと思い立ち、一日試乗してから一二万五〇〇〇ドルで購入して天祐丸と名づけた。翌日には一水夫が蒸気船を購入したと地元新聞にも掲載され、大騒ぎになったという（＊4）。

これについては、天祐丸はイギリス船であり、万延元（一八六〇）年、長崎で五代が川南清兵衛と購入したという説もある（＊5）。一方、五代が同船の手付け金だけ払い、英国国旗を掲げて長崎に移してから正式購入したともいう（＊6）。

ともあれ、五代は上海密航という大胆不敵な行動に出るなど、若いころから世界に目を向けていた。

＊1　『五代友厚伝』第一章　五代龍作編・刊
＊2　宮本又次『五代友厚伝』有斐閣　一九八一年
＊3　堀孝彦『英学と堀達之助』雄松堂出版　二〇〇一年
＊4　＊1に同じ
＊5　『薩藩海軍史』中　第五篇　原書房
＊6　『五代友厚伝記資料一』伝記　日本経営史研究所編　東洋経済新報社

五代友厚、薩摩から大阪へ（2）

上海で高杉晋作と親交

五代友厚の上海渡航は三度とも四度ともいわれている。

前回、①安政六（一八五九）年の上海密航を紹介した。そのほか、②文久二（一八六二）年一月、長崎駐在の英国商人グラバーとともに蒸気船を購入。③同二年四月二十九日から七月六日。④慶応三（一八六七）年八月、家老岩下方平《みちひら》とともにモンブラン男爵を迎えに渡航。ただ、①については不明な点が多い。

今回は、③の上海渡航を紹介したい。文久二年四月二十九日、幕府蒸気船の千歳丸《せんざいまる》（三五八トン）が長崎を出航して上海に向かった。これには幕府や長崎会所の役人、長崎商人などのほか、従者二三人、水夫一〇人が乗り組んでいた。幕府は安政条約により開国すると、海外貿易の実情視察のため、日本商品の試験販売しようとした。品目は煎ナマコ、干しアワビ、フカヒレなど俵物が主だった（＊1）。

この船に五代は水夫として乗り組んでいた。五代はあらかじめ、折から率兵上京中の国父島津久光の許可を得ての乗船だった。目的は上海の視察と蒸気船の購入である。

一方、同乗者のなかに長州藩の高杉晋作（一八三九〜六七）がいた。晋作もまた藩庁の許可を得ており、五代よりも身分が少し上の従者として乗船していた。

高杉の上海渡航日記「遊清五録《ゆうしんごろく》」に五代の記事が多数ある（＊2）。高杉は五代の地位や身分を「薩の蒸気船の副将くらいの処を勤める者の由」とみていた。五代はこの年、船奉行副役《そえやく》になっていたから、当たらずとも遠からずである。

五月三日、高杉ははじめて五代と話をした。「一見旧知の如く、肝胆を吐露して大いに志を談ず。海外に去りて、国益の友を得、また妙なり」と書き、五代と意気投合している。その後も、高杉は五代や佐賀藩士の中牟田倉之助と連れ立って、川蒸気船に乗ったり、近代的な諸器械を見学している。

高杉晋作　＝「東行先生遺文」より

興味深いのは六月八日条である。高杉は五代から「国書（薩摩からの手紙）が来た。書中に京摂の間で少し変があった。我が藩もこれに関係している」と聞いた。久光の率兵上京中の出来事だから、四月二十三日に起きた寺田屋事件のことだろう。五代は仲間同士の争闘に複雑な心中になったのだろう。高杉は「事はすでに決し、沈静している。兄《けい》、憂うることなかれ」と五代に忠告した。

五代は上海で蒸気船を購入して所期の目的を達した。それは長さ二五間余（約四五メートル）、一五〇馬力、代価は八万元（金四万両）だったという。良船の割に廉価な買い物だったという（＊3）。この船はのちの永平丸だろう（＊4）。

同年七月、五代は上海から長崎に帰った。そして藩命により江戸に向かう。その頃、久光が勅使の大原重徳《しげとみ》とともに江戸に乗り込んでいた。途中、八月十三日に東海道の金谷宿《かなや》で長州藩の桂小五郎と出会った。五代は桂に薩摩藩邸に同道して大久保一蔵などと会見させたいと告げ、一緒に江戸へ向かっている（＊5）。

しかし、五代の江戸着と入れ違いのように久光一行は帰京の途につき、二十一日、神奈川生麦村で英国人の殺傷事件を起こす。有名な生麦事件である。

幕末時代の五代友厚

五代は久光の行列のなかにはいなかったが、事件を知ると、英国との開戦を何とか回避しようと奔走するとともに、その生涯で大きな転機を迎えることになる。

＊1　宮本又次『五代友厚伝』有斐閣　一九八一年
＊2　「遊清五録」『東行先生遺文』日記及手録　東行先生五十年祭記念会編　民友社
＊3　『忠義公史料二』二三四号
＊4　『薩藩海軍史』中　第五篇　原書房
＊5　『松菊木戸公伝』上　第三編　木戸公伝記編纂所編　マツノ書店覆刻

五代友厚、薩摩から大阪へ（3）

薩英戦争で英国の捕虜に

生麦事件をきっかけに薩摩藩と英国の間で戦端がいまにも開かれそうだった。

文久三（一八六三）年六月二十二日、英国東洋艦隊七隻は薩摩藩に下手人の差し出しと被害者遺族への賠償金一万ポンドを要求するため、横浜を出航し、一路鹿児島に向かった。

そのころ、五代友厚は長崎にいた。薩英開戦必至とみていた五代は長崎海軍伝習所時代に親交を深めた松本良順（佐倉藩医）に次のように語った（＊1）。

「英国艦隊は鹿児島に向かう途次、石炭積み込みのため長崎に寄港するだろう。そのとき、余は英国代理公使に面談し、賠償金一万ポンドを支払って彼らを横浜に帰航させたのち、余は僭越の責を一身に負い潔く屠腹し、罪を君公に謝すつもりだ」

五代は薩英開戦となれば、鹿児島城下が一夜にして焦土と化すことを憂慮していた。ところが、英国艦隊は長崎に寄港せずに鹿児島に向かった。

鹿児島に戻った五代は開戦に備え、船奉行副役《そえやく》として、松木弘安《こうあん》（のち寺島宗則）とともに薩摩藩所有の蒸気船三隻（天祐丸、白鳳丸、青鷹丸《せいようまる》）の船長《ふなおさ》となった。

しかし、三隻には大砲もないから、英国艦隊に太刀打ちできない。五代と松木は三隻を入り組んだリアス式海岸をもつ坊泊の島影に隠そうと提案した。ここなら英国艦隊に発見されにくい。ところが、島津久光の側近、中山中左衛門《ちゅうざえもん》が「卑怯未練の行為なり」と大いに怒り罵ったため、提案は却下された。二人はしかたなく、鹿児島城下の北にある重富の脇元浦（現・姶良市脇元）に三隻を停泊させた。ここは鹿児島城下の沖合からは大崎ノ鼻で死角になって見えない（＊2）。

脇元港。天祐丸など３隻がこの沖合に停泊した
＝姶良市脇元

しかし、英国艦隊は錦江湾の奥深くまで侵入して測量したため、たちまち三隻を発見してしまった。七月二日早朝、英国艦隊はパール号（船長・ボーレース）はじめ五隻が天祐丸など三隻の拿捕《だほ》に向かい、近接した。突然の敵艦隊の接近に乗組員たちも驚き、天祐丸の士官、本田彦十郎は抜刀して抵抗したが、射殺された。五代や松木のほか、抵抗した水夫なども捕縛された。海中に飛び込んで逃げた者もいた（＊3）。

五代と松木は「まだ開戦の布告もないのに、我が艦を掠奪しようというのは不法も甚だしい。藩命でないかぎり、断じて船を引き渡さない」と英国側に抗議したが、強引に捕虜にされた（＊4）。

拿捕された三隻は桜島の袴腰北方沖合まで曳航され、二人は英国艦隊旗艦のユーライアラス号に移された。二人と対面した外交官アーネスト・サトウによれば、二人は英国側に「オタニ」と「柏」という変名を名乗ったという。「オタニ」が五代で、「気品のある容貌のすこぶる立派な男子」だったと述べている。

このとき、二人は同艦に幕府側の通訳として乗り組んでいた商人の清水卯三郎《うさぶろう》と対面し、自分の一存で保護することを伝えた。清水は松木と知友だった。

清水の回想談によれば、五代は「船を奪われたのは腹立たしく、無念やるかたない。火薬蔵に火を放って死のうと思ったが、よき折がなくて果たせなかった」と語った。すると、松木が「君がそうするだろうと思って、付きまとって妨げたのだ。ここで死ぬのは犬死にだ」というと、五代も「いま考えれば、犬死にだな」と苦笑したという（＊5）。

さて、二人の行く末はどうなるのか。

＊1　『五代友厚伝』第一章　五代龍作編・刊

＊2　『薩藩海軍史』中　第五篇　原書房

＊3　『忠義公史料二』四〇八号
＊4　＊1に同じ
＊5　清水卯三郎「わがよのき」上　長井五郎『しみづうらさぶろう畧伝』私家版　一九七〇年

五代友厚、薩摩から大阪へ（4）

——寺島と共に関東に潜伏

英国艦隊の捕虜となった五代友厚と松木弘安（のち寺島宗則）はそのまま横浜に護送された。英国側はもともと二人を長く捕虜するつもりはなく釈放してもよいと考えていた。二人の身柄を引き受けたのが、英国艦隊に幕府側の通訳として乗り込んでいた商人の清水卯《う》三郎《さぶろう》（屋号は瑞穂屋、一八二九～一九一〇）だった。清水は松木と旧知の間柄だった。

横浜までの航海中、松木が横浜に上陸したら幕府に嘆願するつもりだと告げると、清水は次のように忠告した（＊1）。

「それは危険である。薩摩藩から引き渡せと要求するに違いない。そうなると、あなたたちがひどい目に遭うのは疑いない。だから、当面ほとぼりがさめるのを待つべきだ。私が力を尽くして取り計らおう」

清水は二人が国のため有為な人材だから、自分の一存で匿う覚悟を決めていた。

文久三年（一八六三）七月十一日、横浜に着くと、清水はアメリカの貿易商・ヴァン・リードに相談した。彼は周旋を約束し、英国艦隊のクーパー提督に掛け合って上陸を許してもらい、はしけ船を手配して神奈川に上陸する手はずをととのえた（＊2）。

　ところで、二人の上陸周旋をしたのはイギリス領事のガワーという説もある（＊3）。しかし、当事者の清水や寺島の手記がヴァン・リードだとしているので、それに従った。

　さて、清水は先行して日本橋の「はこべ塩」という歯磨き屋で待つから、二人はその隣の「鈴木」という船宿に夜明けまでに入るようにと打ち合わせた。しかし、江戸湾沿岸の警備が厳しいうえ、強風のため船が進まず、二人は神奈川に上陸するつもりが、ようやく鶴見のあたりに上陸した。二人が約束の時間に大幅に遅れたので、清水はもしや捕縛されたかとやきもきしたが、ようやく十一時ごろに二人が到着したので安堵したという（＊4）。

五代と寺島が潜伏した吉田六左衛門家の母屋
＝熊谷市立図書館「吉田六左衛門家文書目録」より

　二日後、二人は清水に連れられてその郷里である武州埼玉郡羽生《はにゅう》村に向かった。二人はしばらくここに匿われたが、清水は実家を継いでいる兄恒吉《つねきち》が堅い人なので、二人を潜伏させることを打ち明けられず、熊谷四方寺《しほうじ》（現・埼玉県熊谷市四方寺）の親類である吉田六左衛門を頼ることにした。六左衛門は清水の妹聟だったという（＊5）。

六左衛門は少し考えて、近くの下奈良村にある分家の吉田市右衛門家から数百メートル離れた別家が潜伏には都合がよいだろうということになった（＊6）。なお、六左衛門家の母屋にも二人が潜伏していたと伝えられている（写真参照）。

二人は幕府だけでなく、薩摩藩からも探索されていた。たとえば、英国との和平交渉のために横浜に来ていた薩摩藩士の重野厚之丞（のち安繹《やすつぐ》）と吉井中助（のち友実）は大久保一蔵（のち利通）宛ての書簡（八月二十四日付）で、二人は横浜にいるか箱館にいるか不明であり、外国人たちも深く秘している様子であると報告している（＊7）。

五代の潜伏期間は翌元治元（一八六四）年一月までの数か月間だった。潜伏中も五代は活動的で、こっそりと江戸に出かけて長崎時代の友人である松本良順と旧交を温めながら、次の活路を見出そうとしていた。

＊1　清水卯三郎「わがよのき」上　長井五郎『しみづうらさぶろう畧伝』私家版　一九七〇年
＊2　『新訂 福翁自伝』富田正文校訂　岩波文庫
＊3　『「五代友厚伝』五代龍作編・刊など。

＊4　＊1に同じ
＊5　栗原健一「薩摩藩士の吉田六左衛門家潜伏」『熊谷市郷土文化会誌』七一号　二〇一五年
＊6　＊1に同じ
＊7　『五代友厚伝記資料四』政治・外交一〇　重野・吉井より大久保宛書翰　日本経営史研究所編　東洋経済新報社

五代友厚、薩摩から大阪へ（5）

――英国留学生派遣を建議

武州熊谷に潜伏していた五代友厚は現地にまだ逗留したいという松木弘安（のち寺島宗則）と別れて長崎へと向かう。

知友の医師、松本良順（佐倉藩出身、幕府西洋医学所頭取）の下僕、川路要蔵と変名し、東海道を西に進んだ。元治元（一八六四）年一月、長崎に着くと、幕臣の酒井三蔵の家に匿われた（＊1）。

五代の長崎着は薩摩藩も知るところとなり、藩士の野村宗七（のち盛秀）や川村与十郎（のち純義）などが訪ねてきた。なかでも、家老の小松帯刀は五代の境遇に同情し、五月、市来四郎に命じて、金数百両を与えて上海に渡航させようとした。しかし、五代はそれを辞退したという（＊2）。

もっとも、郷里では五代と寺島への風当たりが強かった。一説によると、二人が船奉行ながら、蒸気船を掠奪されたばかりか、捕虜となったのは命を惜しんだからで怯懦《きょうだ》である。その罪は重く、速やかに軍律にかけるべきだと非難していた。

とりわけ、五代には蒸気船購入に際して、グラバーと謀って手数料を稼いで財を成したという噂があり、その事実を糾弾しなければならないともあった（＊3）。

それでも、同年夏頃にようやく五代は赦免された。ほどなく五代は藩庁への上申書を提出した。それは長文で、薩摩藩が今後、富国強兵をどのように図ればいいか、全体のビジョンを示すと共に、微に入り細を穿つような内容だった（＊4）。

その冒頭で、五代は「私こと、今般重罪を犯したうえ、一時亡命に似た所業に及びながら、愚存を申し上げるのは重々恐れ入ることですが、ご国家（薩摩藩）のため、天下の移り変わりや機応の処置を万死を顧みず、申し上げます」と前置きしている。

その内容は、①上海貿易における利益（米と商品作物の販売）、②砂糖製造機械二〇台の購入費用と利益、③英仏国留学生一六人の派遣（運賃と滞在経費など）、④軍艦二隻の購入と代金、⑤新式大砲（アームストロング砲など）五〇挺購入、⑥銀銭製造機械二

留学生たちが逗留した藤崎家

英国留学生記念館　＝いちき串木野市

台、⑦農業耕作機械の購入、⑧農業用ポンプの購入、⑨銃砲用の火薬製造機械など、多項目にわたっていた。

上申書の特徴は、単なる項目の羅列ではなく、互いに関連性があり、費用算出と財源確保の方策まで示した現実的な点だった。

ここでは、③を取り上げてみたい。五代は当初、英国だけでなく仏国への留学生派遣も想定したようである。五代の考える留学生一六人の内訳が興味深い。まず四名が家老に成れる上士層（一所持）から選抜する。これは将来の重役候補だろう。次に軍賦《ぐんぶ》役から二人。これは洋式の軍事指導者の養成のためである。とくに攘夷説を唱える藩士三人が面白い。ヨーロッパに行けば、攘夷がいかに愚策であるか理解してくれるというのだろう。

ほかに農業政策のために郡《こおり》奉行から一名、軍事専門家（台場、築城、砲術）として二人。また藩校造士館から一名、工作機械取り扱いや絵図面に達者な者（絵師）合わせて三人という具合である。

藩士の各層から選抜するとともに、職能別の優秀な人材を派遣しようと考えていた。

五代は一六人の留学費用の算出までしていたことも注目される。往復運賃（中等席）と一五〇日間の現地滞在費を合わせて、総額六万七七九〇両である。財源は①上海貿易の利益を当てるというものだった。

五代の理財家としての片鱗がすでに兆していた。

＊1　『五代友厚伝』第一章　五代龍作編・刊
＊2　「市来四郎自叙伝」（附録）七　『忠義公史料七』
＊3　『忠義公史料三』四五〇号
＊4　『五代友厚伝記資料四』政治・外交一三　五代才助上申書　日本経営史研究所編　東洋経済新報社

五代友厚、薩摩から大阪へ（６）

ベルギーで貿易商社契約

慶応元（一八六五）年三月二十二日、五代友厚（当時、才助）を含めた薩藩使節と留学生十九人が串木野の羽島《はしま》港を発した。イギリスのサザンプトンに到着したのは二カ月後の五月二十八日（旧暦）だった（＊1）。以下、日付は旧暦で記す。

留学生たちが英語と学科別の学習に取り組んでいる間、五代は使節全権の新納久脩《にいろひさなが》（大目付）とともに、イギリスの要人と面会したり、マンチェスターやバーミンガムを視察して、薩摩藩の富国強兵に役に立ちそうな機械、銃砲、洋書や物産を購入している（＊2）。

五代の滞欧中、特筆されるのはフランス貴族のコント・デ・モンブラン（日本名・白山、ベルギーの男爵位ももつ）との出会いだろう。モンブランは秘書の白川健次郎（本名・斎藤健次郎か。武州熊谷出身）とともに渡英して五代たちと面会した。

モンブランは来日経験もあった。文久三（一八六三）年の第三次遣仏使節（正使・池田長発《ながおき》）にビジネスチャンスを求めて接近したが、拒絶されている。そのため、一転して反幕的な薩摩藩と交渉しようとした。モンブランには投機的な山師だという噂が絶えなかったが、五代たちは彼と親密な関係を築いた。

七月二十四日、五代は新納と共にロンドンからベルギーのオースタン港に着き、モンブランに迎えられた。五代の渡欧中の「廻国日記」を見ると、それから連日のようにモンブランと会い、会談し、各地を視察している（＊3）。たとえば、八月二日にはナポレオンが敗北したことで有名なワーテルローの古戦場を見学している。

同日夜、五代たちの所へベルギー政府の「外国政務第二等ミニストル」（外務次官か）が来訪した。それから貿易商社の商談を協議し、同二十六日、ベルギー政府証人の立ち会いの下、モンブランとの間に十二カ条からなる貿易商社の契約書を交わした。薩摩側は新納と五代が署名している。書記兼通訳として、前記の白川と薩藩使節団通訳の堀孝之が同席した（＊4）。

滞英中の五代（中央）と通訳の堀孝之（左）＝五代龍作「五代友厚伝」より

その内容は、薩摩藩領の鉱山を開き、種々の機械、鉄鋼、武器を製造し、絹、綿、茶、蠟《ろう》、煙草などの製造機械を製作するとともに、ヨーロッパの産物を輸入する商社を設立するというものだった。薩摩藩とモンブランが共同で出資し、損益共に出資金に応じて配分することも明記された。また薩摩藩が軍艦や大砲を購入するときはモンブランに委託するという条件も付いた。

この契約書はその後、何度か改定されたが、五代は国許の家老、桂右衛門（久武）に宛てた書簡（十月十二日付）で、この商社契約により、一〇〇〜一五〇万両の金繰りが可能になると、かなり楽観的な見通しを述べている（＊5）。

その後、五代は右契約をさらに具体化し、洋式機械の輸入と資源開発についての契約書を結んでいる。それは砂糖製法、製糸、木綿紡績、修船機関（ドック）、川堀蒸気機関（浚渫《しゅんせつ》船）、飛脚船（快速連絡船）、テレグラフ（電信）などで、異色なところでは動物館（動物園）の設置もあげられているのが興味深い（＊6）。

もっとも、モンブランとの貿易商社契約は結局、実現しなかった（機械輸入は一部実現）。しかし、五代はこの交渉で、「商社合力」という共同出資による事業方法を学んだ。

＊1　『五代友厚伝記資料四』政治・外交一四　慶応元年藩費洋行雑件　日本経営史研究所編　東洋経済新報社

＊2　『五代友厚伝』第二章　五代龍作編・刊

＊3　大久保利謙「五代友厚の欧行と彼の滞欧手記「廻国日記」について」同氏『幕末維新の洋学』吉川弘文館　一九八六年

＊4　＊2に同じ

＊5　『五代友厚伝記資料四』政治・外交一九　桂久武宛書翰　日本経営史研究所編　東洋経済新報社

＊6　＊5政治外交二四　洋式機械の輸入と資源開発に関する鹿児島藩とモンブランとの契約

五代友厚、薩摩から大阪へ（7）

壮大な薩長商社構想も

二〇一六年は薩長同盟締結からちょうど一五〇年だった。これを政治と軍事の同盟だとすれば、薩長が共同して商社を設立する、いわば経済の同盟を五代友厚が構想し、長州側と交渉していたことはあまり知られていない。

慶応二（一八六六）年八月二十四日、五代の使者として薩摩藩御用達の商人二人が下関の著名な商人である白石正一郎を訪れた。白石は以前、薩摩藩の御用達をつとめたことがあった。二人が伝えた五代の構想は驚嘆すべきものだった（＊1）。

「その趣意は馬関《ばかん》（下関）で北国（日本海）や九州の船を留め、諸荷物を大坂に運送することを（長州が）薩摩と一緒に行えば、（長州の）金策もうまくいくのでないか」

五代は馬関を通航する船からすべての積荷を差し止め、大坂の商品相場が上がった機を見計い、一気に売却して莫大な利益をあげようと考えた。さらに五代はこの交渉を上海渡航で意気投合した高杉晋作との直談でなければ実現できないと考え、高杉に馬関への来訪を求めていた。

では、五代の狙いはどこにあったのか。一説によれば、薩摩藩は長崎を内外貿易の拠点としていたが、それまで途絶していた薩長貿易を薩長同盟締結とともに再開し、長崎に馬関を結びつけることにより、日本海側から大坂への物資や産物輸送を掌握しつつ、これに薩摩藩の琉球貿易を結びつければ、琉球―長崎―馬関というルートで西日本交易圏は薩長両藩で支配できるというものだった（＊2）。

さらにいえば、五代はこの構想によって、幕府の経済封鎖により苦境にある長州藩の財政を援助しながら、薩摩藩の交易圏拡大を図るという一石二鳥の策を考えた。さらに究極的には、幕府による大坂を中心とした全国市場支配に打撃を与えながら、薩長で介入する目的もあったかもしれない。

薩長商社設立に踏み切れなかった木戸孝允

十月十五日、五代は馬関に乗り込むと、高杉の仲介により大阪楼という料亭で、長州側の木戸貫治《かんじ》（のち孝允）、広沢兵助《ひょうすけ》（のち真臣《さねおみ》）と会見した。五代はその場で六カ条の「薩長国産貿易商社」の誓約案を示した。それは①商社には互いの藩名を用いず、商家の屋号を用いること、③商社の金銭出納をお互いに公明に行い、損益は折半すること、⑤馬関に入る船はすべての積荷を差し止め、たとえ差し止めるのが難しい船にも差し止めを通告することがもっとも重要である、といった内容だった（＊3）。

会談は順調に進み、五代も長州側から好感触を得た。しかし、翌十一月二十五日、木戸が長州藩の特使として鹿児島を訪問したとき、木戸の態度が一変したのである。五代が国許の家老、桂久武に宛てた書簡には「はじめて馬関において面会したときには、（木戸は）至極同意だと申していたのに、今度（鹿児島に来ると）異論を散々申し立てている様子に困り果てています」とあり、五代が木戸の変心に困惑している（＊4）。

木戸の変心については、五代の商社計画の第五条にある馬関での船舶差し止めに藩主毛利敬親《たかちか》が拒絶する意向を示したので、木戸もその内命に従ったといわれる（＊5）。

もしそうなら、なぜ長州藩主がそのように考えたのか、右の松下氏は不明とする。おそらく馬関を領する支藩の長府藩との折り合いが必ずしも円滑でないため、長府藩の反対があったか、その同意を得られないと考えたのではないか。

かくして薩長商社構想は潰えたものの、五代の視野の広さは明治の五代を彷彿《ほうふつ》とさせるものがある。

＊1　「白石正一郎日記」慶応二年八月二十四日条　『白石家文書』下関市教育委員会編　国書刊行会
＊2　田中彰「薩長交易の歴史的意義」同氏『幕末維新史の研究』第三章　吉川弘文館　一九九六年
＊3　「薩長国産貿易商社誓約ノ件」『玉里島津家史料五』一六〇〇号
＊4　『五代友厚伝記資料四』政治・外交三九　桂久武宛書翰　日本経営史研究所編　東洋経済新報社
＊5　松下祐三「薩長商社計画について」『史学論集』三〇号　駒沢大学大学院史学会　二〇〇〇年

五代友厚、薩摩から大阪へ（8）
――小菅ドック建設に尽力

二〇一五年、磯の集成館事業などが明治日本の産業革命遺産（九州・山口と関連地域）として、世界文化遺産に登録されたことは記憶に新しい。

そのなかに長崎の小菅修船場跡《こすげしゅうせんば》が含まれている。通称ソロバンドックである。船を水中から曳き揚げるとき、船体を載せる台（船架）がソロバンに似ていることからそう呼ばれた。このドックはわが国の近代造船技術の発祥として高く評価されるが、その建設に五代友厚が小松帯刀とともにかかわっていた。

幕末になると、外国の蒸気船が来航したばかりか、幕府や諸藩は競って蒸気船を購入した。蒸気船は機関の修理などはもちろん、船底に付着したカキ殻の清掃や塗装など、定期的なメンテナンスが欠かせない。しかも、巨大な船体なので、大規模のドックが必要だった。当時、わが国には蒸気船の修理やメンテナンスができるドックがなかったため、東アジアで唯一ドックがある上海に回航していたから時間と費用がかかった。

その実情に着目して、大きな利益があげられると予想したのが五代だった。慶応元

（一八六五）年十二月、滞欧中の五代はフランス貴族のモンブランと洋式機械の輸入について契約書を交わしたが、そのなかに「修船機関」の購入をあげていた。浮上タンク式ドックのことである。ちなみに、小菅修船場は滑台式ドックで方式が異なっていた。

五代は契約書のなかで「わが国には蒸気船が三十五、六艘あるが、修船場が一か所もないから、みなこの修船場に来るようになり、大きな利益が見込める」と述べている（＊1）。

小菅修船場跡　＝長崎市小菅町

ほぼ同時期の同年七月、薩摩藩は長崎の蔵屋敷がある西浜町の商人若野屋良助の名で、幕府に対して「近年船数が増し、修復の必要があり、（船の）水際から水底に至るまで自在に修復できるようにドックを建設したい」と願書を長崎奉行に提出している（＊2）。翌二年四月、幕府からドック建設の許可が出た。

薩摩藩では小菅の土地を得ると、小松の名義により、英国商人グラバーと共同出資という形で建設に着手した。一〇〇〇トン規模の船を修繕できる大規模なドックだった。資金不足の薩摩藩は大坂の両替商たちから三万両の融資を得てドック建設に投資している(＊3)。

そして、小松の依頼でドックの建設を実際に進めたのは五代だった。小菅の地を選んだのも長崎の地理に詳しい五代だったと思われる。そのほか、船の曳き揚げ装置(スレップ機械)や資材の調達も担当している(＊4)。多忙だった五代は工事に付きっきりというわけにいかず、施工監督を長崎伝習所時代に知友となった通詞《つうじ》の岩瀬徳兵衛(公圃《こうほ》)に委託している。

ドックは許可から二年半後の明治元(一八六八)年十二月六日に竣工した。その日、グラバーの船をドック台に載せて起工式が行われた。長崎駐在の薩摩藩士野村宗七が五代と小松にあてた書簡によれば、日本人や西洋人の見物人が多数詰めかけたという。野村は曳き揚げられた蒸気船の船底をはじめて見たと興奮気味に書いている(＊5)。

翌二年三月、ドックは明治政府に十二万ドルで買い上げられた。同二十(一八八七)年、ドックは三菱の所有となり、現在は三菱重工長崎造船所の一部となっている。

＊1 『五代友厚伝記資料四』政治・外交二四 洋式機械の輸入と資源開発に関する鹿児島藩とモンブランとの契約書 日本経営史研究所編 東洋経済新報社

＊2 『玉里島津家史料四』一三七〇号

＊3 作道洋太郎「長崎修船場の構築と大阪両替商資本」『薩摩藩の構造と展開』秀村選三編 西日本文化協

会　一九七六年
＊4　岩瀬徳兵衛「小菅修船場出金見積書」早稲田大学図書館所蔵
＊5　『五代友厚伝記資料一』書翰六〇　日本経営史研究所編　東洋経済新報社

五代友厚、薩摩から大阪へ（9）

相次ぐ外交難問に奔走

幕末政局はついに最終局面を迎えた。慶応三（一八六七）年十二月九日、新政府が樹立され、翌四年一月初め、鳥羽伏見の戦いで旧幕府に勝利をおさめた。

維新政権が成立すると、総裁、議定《ぎじょう》、参与《さんよ》の三職が置かれた。五代友厚は同年一月二十三日、薩摩藩から徴士《ちょうし》（諸藩から出仕した有能な人物）となり、参与に任ぜられた（＊1）。参与は諸藩士や下級公家が任命される役職だが、実質的に政府を動かした。

薩摩藩から参与に任ぜられたのは、重役だった小松帯刀、西郷隆盛、大久保利通、岩下方平《みちひら》は当然として、ほかに寺島宗則、町田久成《ひさすみ》そして五代の英国留学組だった。五代が小松、西郷、大久保らと同格の地位にあったことは注目すべきである。

同日、五代は外国事務掛も兼ねた。さらに二月二十日、同掛が改組され、外国事務局になると、五代はその判事に任命された。同掛、同事務局とものちの外務省の前身である。

その間、重大な外交事件が立てつづけに三回も勃発した。神戸事件、堺事件、縄手事件である。そのなかで、五代の働きが目立つ神戸事件を紹介したい。

鳥羽伏見の戦いの余燼《よじん》さめやらぬ一月十一日、西宮の守備を命じられた備前藩兵（家老日置《へき》帯刀《たてわき》の配下）が神戸を行軍していたとき、イギリス騎兵、フランス水兵と接触したため、備前藩兵が抜刀して彼らを負傷させた。さらに外国人居留地でもアメリカ兵やイギリス水兵が同藩第三砲隊長の滝善三郎（日置の部下）にピストルを向けて威嚇したため、滝の命令で銃撃を加え、数人の負傷者が出た。その銃弾はイギリス領事館に達したという（＊2）。当時、備前藩兵に限らず、武士、庶民のなかに攘夷意識がまだ濃厚に残っているなかでの偶発的で不幸な事件だった。

神戸居留地跡にある神戸事件発生地の石碑　＝神戸市中央区・三宮神社

この衝突により、英米仏の連合軍は陸戦隊を組織して居留地の守備にあたるとともに、報復として、連合軍の軍艦が兵庫港に停泊している諸藩の蒸気船六隻を拿捕したのである（＊3）。

成立したばかりの維新政権は動揺しながら、事態の収拾に動いた。勅使東久世《ひがしくぜ》通禧《みちとみ》が六カ国の代表と会見して、日本側の責任を認め、神戸における外国人の生命、財産を保護するとともに、備前藩責任者の処罰を約束した。二月二日、備前藩に対して日置の謹慎と現場責任者の切腹が命じられた（＊4）。

この事件をきっかけに、英仏などに知己が多い五代が外国事務掛に抜擢されたのである。五代は長州の伊藤俊輔（のち博文）とともに事態収拾にあたった。

五代は備前藩に掛け合って、銃撃を命じた責任者として滝を出頭させる了解を取りつけた。備前藩の説得は困難だと思われたが、五代の上司である伊達宗城《だてむねなり》（外国事務総督）が日記に「五代よほど骨折り候也」と書いているから、五代の説得によって備前藩が折れたのである（＊5）。

しかし、五代は死者も出ていないのに滝の切腹は厳しすぎると考え、二月七日、八日の二日間、同僚の寺島や伊藤とともに、各国公使と会い、滝を助命しようとギリギリまで交渉したが、ついに公使たちは承知しなかった。

九日、神戸・永福寺で六カ国の代表が立ち会い、外国事務掛、薩長、宇和島の守備隊長が見守るなか、滝の切腹が行われた。「ハラキリ」を外国人が見たのはこれが初めてだったという。

関東にまだ旧幕府が健在だったため、維新政権は諸外国の強硬な要求を飲まざるをえなかったのである。とはいえ、五代の心境は複雑だったのではないだろうか。

＊1　『五代友厚伝記資料四』政治・外交五三　日本経営史研究所編　東洋経済新報社
＊2　宮本又次『五代友厚伝』Ⅱ在官時代　有斐閣　一九八一年
＊3　＊2に同じ
＊4　＊2に同じ
＊5　『伊達宗城在京日記』慶応四年二月四日条　日本史籍協会編　東京大学出版会

五代友厚、薩摩から大阪へ（10）

――野に下り、大阪の復興へ

維新政権の成立直後、神戸事件、堺事件、縄手事件（英国公使パークス襲撃事件）という三大外交事件が立てつづけに起きた。五代友厚はその交渉の中心となり、あるいは舞台裏で奔走して、何とか解決に導いた。

慶応四（一八六八）年五月、五代は外国官権判事として大阪在勤だった（＊1）。前年暮れの外国貿易を開始する大阪の開市に伴い、諸外国の公使も大阪に集まってきた。外交と貿易の交渉や実務のため、安治川《あじがわ》と木津川の合流する川口に川口。運上所《うんじょうしょ》が設置されると、五代も陸奥陽之助（のち宗光）とともに実務にあたった。運上所は税関のことだが、税関業務だけでなく外交事務全般を取り扱った。運上所設置については、五代は事前に意見書を提出して、その重要性を訴えていた（＊2）。

同年七月十五日を期して、大阪開市が前倒しで大阪開港となると、五代は「大阪開港規則書」を作成したのをはじめ、仕事はますます増えた（「五代友厚伝記資料四」一〇二号）。とくに川口周辺に新たに開発された外国人居留地でトラブルが起きると、五代は諸外国に毅然とした態度で臨んだため、同僚の伊藤俊輔（のち博文）と中島作太郎（のち信行）が対応を熟慮するようにと忠告状を送っているほどである（＊3）。

また九月、五代は大阪府判事も兼ねると、大阪港の浚渫《しゅんせつ》工事や波止場建設にも尽力し、大阪港の貿易拡大を図った。

大阪開港の地と川口運上所跡（左）　＝大阪市西区

その一方で、五代は大阪に造幣寮の誘致と建設を進め、香港にあったイギリス造幣局の中古機械を購入した。当時、国内では贋金《にせがね》の横行と不換紙幣の不人気により通貨制度が混乱し、外交問題にもなっていた。そのため、五代は品位と量目を統一した近代的な新貨幣の鋳造を図ったのである（＊4）。

明治維新の混乱によって、衰退していた大阪にようやく復興の兆しが見えはじめた。そんなとき、同二年五月、五代は会計官権判事への異動と横浜転勤を命じられた。会計官はのちの大蔵省である。

この異動は左遷だともいわれたが、そうではない。五代の造幣寮設置、国家財政や通貨制度についての建議が維新政府に注目されるところになり、東京での活躍が期待されたからである。当時、会計官副知事だった友人の大隈重信の意向ではないかと思われる。

ところが、五代の横浜転勤に対して、大阪の官民あげての一大反対運動が起きた。そのうち、五代の部下たちが一三七人も署名した復職嘆願書「奉嘆願候書付」の趣旨が大変興味深いので紹介したい（＊5）。

「才助殿（五代）のことは、阪地（大阪）草創より外国交際のことを司られ、なかでも大阪が開港になって以来、さらに力を尽され、外国の不法を挫き、邦人の活動を助けられ、士を教え、商を導き、広く仁慈《じんじ》を垂れ、広く恩恵を施し、大衆を子のように憐れみなさったので、私ども一同、恐れながら（五代を）父母のように慕っております。（中略）（五代に）転勤されては、船の舵を折られ、車の軸を失ったようなもので、大衆は愕然するほかありません」

そして、最後に「才助殿に元のように大阪再勤のお沙汰が下れば、私どもは申すに及ばず、巨万の商民が歓喜雀躍《じゃくやく》し、速やかに通商の道が開け、わが国万世の基礎が立つと思います」と結んでいた。

大阪からの熱烈な復職嘆願もあって、五代は会計官をわずか二カ月で辞職し、野に下る決意を固めた。大阪市民は歓喜したが、五代の下野には複雑な事情があったと思われる。

＊1　『五代友厚伝記資料一』伝記　日本経営史研究所編　東洋経済新報社

＊2　『五代友厚伝記資料四』政治・外交六七　運上所運営に関する意見書　日本経営史研究所編　東洋経済新報社

＊3　『五代友厚伝』第五章　五代龍作編・刊

＊4　『五代友厚伝記資料二』九〜一八号　日本経営史研究所編　東洋経済新報社

＊5　『五代友厚伝記資料四』政治・外交一三八　奉歎願候書付　日本経営史研究所編　東洋経済新報社

五代友厚、薩摩から大阪へ（11）

――退官は郷里からの圧力か

明治二（一八六九）年七月四日、五代友厚は会計官判事を辞官した。辞官に際して政府から役目精励を賞され、晒し布二疋《ひき》（約三一メートル）と金七五〇両が下賜された（＊1）。

前年の慶応四年一月二十三日に徴士参与《ちょうしさんよ》として外国事務掛に任ぜられてから、わずか一年半ながら、多忙で激動の官吏生活だった。では、辞官にはどんな理由や事情があったのだろうか。

まず考えられるのは、前節で紹介したように、大阪府判事のときの部下たちからの熱烈な復職運動に五代が心を動かされた面があったのは間違いないだろう。しかし、それだけとは思えないのである。

ひとつは、五代の辞官のわずか二カ月前の五月、薩摩藩の家老だった小松帯刀が病状悪化により、外国官副知官事（のちの外務次官）を辞職していることである（＊2）。小松は外国官での五代の上司だっただけでなく、薩英戦争で捕虜となり脱藩亡命せざるをえなかった五代に同情的で、その復帰に尽力してくれた恩人である。小松の政界からの退場により、五代は頼りになる後ろ盾を失ったといえる。

次に五代が辞官後に書いたと思われる時局批判の戯作と戯画が注目される（＊3）。それは「明治元年の春頃、諸国の山奥から異形《いぎょう》の獣《けだもの》が生じ、あちこちに集まっていて、万民を悩ましている」という一節から始まり、五代が「惣難獣《そうなんじゅう》」と呼ぶこの獣は都会にもっとも多く、西国にも集まり、駿遠《すんえん》（徳川家が移った静岡県）にはこの愁いがないとすることから、この獣は薩長などの武士勢力で、戊辰戦争の武勲を誇り、維新政権を牛耳っている軍人たちを指すと思われる。

大阪証券取引所ビル前に立つ五代銅像　＝大阪市中央区

これには奇妙な「惣難獣」の戯画も付いている。頭に剣を立て、いがぐり頭で頬の皮が厚く、鼻は天狗のように長くて高い。口が大きくて二枚舌という不気味さである。これが、薩長など勝ち組の軍人たちの傲慢や尊大さを暗喩しているのは明らかである。

最後に「兎角、頭の剣で人の頭を押さえ、悩ますこと少なからず、これを邪権ともいう。このうえなき古今未曽有の異形《いぎょう》の獣である。（中略）ああ悲しむべし、ついに魔界に陥れるや」。

　この戯作と戯画は、戊辰戦争に勝利した軍人たちが大手を振って専横を極めていることを痛烈に風刺したものだろう。そして五代本人も薩摩出身の軍人たちからの圧力を実際に感じていたのではないか。五代が中央で出世するにつれ、薩英戦争での捕虜体験が蒸し返され、妬みとともに、武士にあるまじき卑怯未練な振る舞いとして攻撃された可能性がある。

　薩摩藩では明治二年二月、旧来の門閥中心の藩政が一新され、新たに知政所《ちせいじょ》が設置された。その要職には伊地知正治、伊集院兼寛、大迫貞清などが就き、戊辰戦争帰りの下級城下士が藩政の実権を握ったのである。新藩庁が維新政権に圧力をかければ、藩から徴士として出向した五代を帰国させることも不可能ではなかっただろう。

惣難獣

　五代の知友で鹿児島にいた高崎正風は五代宛ての書簡で、「近来、徴士先生たちの不評判は十に八、九は驕《きょう》奢《しゃ》尊大の二（句）に帰しており、凡俗の嫉妬の情によるものである。（中略）君（五代）の名も随分高いので、ご油断があってはならない」と、鹿児島の厳しい情勢を知らせて忠告しているほどである（＊4）。

小松の退場や鹿児島からの風圧の強さもまた、五代に下野を決断させた要因なのかもしれない。

＊1　『五代友厚伝記資料四』政治外交一四五太政官辞令・一四六太政官通達　日本経営史研究所編　東洋経済新報社

＊2　『校訂　明治史料　顕要職務補任録』　金井之恭　柏書房　一九六七年

＊3　『五代友厚伝記資料四』政治・経済一四九　時局批判の戯作　日本経営史研究所編　東洋経済新報社

＊4　『五代友厚伝記資料一』書翰七五　日本経営史研究所編　東洋経済新報社

五代友厚、薩摩から大阪へ（12）

――大隈重信に懇切な忠告状

五代友厚は野に下ったが、なお官界に多くの知友がいた。そのなかで親密な関係を築いた友人の一人が佐賀藩出身の大隈重信（一八三八～一九二二）である。

大隈は明治元（一八六八）年、外国事務局判事として五代と同僚だった。翌二年、外国官（のち外務省）と会計官（のち大蔵省）の副知事（のち大蔵大輔《たいふ》）を兼ねた。同三年には参議となり、同六年には大蔵卿の重職に就いている（＊1）。

その大隈が大蔵省で進退窮まったとき、五代が五カ条の懇切な忠告状を送っており、草稿が残っている（＊2）。

五代はその前文で「今友厚は従来の鴻恩《こうおん》万分の一を報ぜんため、閣下の短欠を述べて赤心を表す」と述べている。大隈の欠点を率直に指摘したいというのである。

第一条、辛抱して愚説、愚論を聞きなさい。一を聞いて十を知る閣下は賢明に過ぎる短所がある。

第二条、自分より地位の低い者の意見が閣下の意見とそれほど変わらないならば、必ずその人の意見を採用しなさい。

第三条、怒気、怒声を発するのは、その徳望を失う原因である。

第四条、政務を決断するのは、その情勢が煮詰まるのを待ってからにしなさい。

第五条、自分がその人を嫌うときは、その人も自分を嫌うだろう。だから、自分と相性の合わない人ともつとめて交際を広められることを希望する。

大人の処世では常識的な事柄だが、あえて忠告したのは、大隈は独断専行が多く、また頭脳が鋭敏すぎて同僚や部下を軽侮するような態度をとるため、敵をつくりやすい性格だったからだろう。

五代から忠告状を送られた大隈重信　＝国会図書館所蔵

とはいえ、大隈のような政府高官にこのような率直すぎる忠告をする五代も友人思いだったといえるだろう。

ところで、この忠告状草稿には日付がない。では、いつ、どのような状況で書かれたのだろうか。五代龍作と宮本又次はともに明治七（一八七四）年の出来事だとしている（＊3）。

その傍証が、五代が内務卿の大久保利通にあてた書簡（六月三日付）である。それには「閣下（大久保）からじかにご忠告なさっては、同人（大隈か）も迷惑だと思いますので、ぜひ小生から弁論したい」という一節がある（＊4）。大隈の辞意を慰留させるため、五代が大久保に代わって説得すると解釈し、それが五カ条の忠告状になったというわけである。

しかし、書簡に大隈の名はないうえ、五代は忠告状を「浪華」（＝大阪）から書いているが、右の大久保宛て書簡では、五代は在京しており、話が合わない。

一方、大隈方の記録『大隈侯八十五年史』では、五代の忠告状の日付が一月十日付で、同三年だと推定している（＊5）。前年八月、大蔵大輔（のち大蔵省次官）の大隈が主導して、民部省を大蔵省に合併した一件があり、その強引さが各方面から非難された。四面楚歌に陥った大隈に、五代が忠告状で手を差し伸べたとみたほうが妥当かもしれない。

なお、この問題は紆余曲折の末、同三年七月、大蔵、民部両省の再分離となる。その頃、大蔵省では大隈に代わって、五代を大蔵省に迎えようという気運が盛り上がっていることを、同省官僚の松尾寅之助が五代に伝えている（＊6）。

しかし、五代が友人の大隈を差し置いて、官に復帰する気はなかったのである。

＊1　『校訂　明治史料　顕要職務補任録』　金井之恭　柏書房　一九六七年

＊2　『五代友厚伝』第九章　五代龍作編・刊
＊3　宮本又次『五代友厚伝』Ⅲ実業家時代　有斐閣　一九八一年
＊4　＊2に同じ
＊5　『大隈侯八十五年史一』第十五章　大隈侯八十五年史会編　原書房　一九七〇年
＊6　『五代友厚伝記資料四』政治・外交一五五　松尾寅之助書翰　日本経営史研究所編　東洋経済新報社

五代友厚、薩摩から大阪へ（13）

――西郷と大久保のはざまで

五代友厚は野に下ってからも、政界の動きを注視していた。とくに郷里の先輩である西郷隆盛、大久保利通の両雄については無関心でおられなかった。

明治六（一八七三）年十月、西郷はいわゆる征韓論に敗れて下野した。鹿児島帰郷後の西郷の様子と鹿児島で沸騰する反政府の気運について、五代が翌七年二月ごろ、英国留学生仲間で大蔵省の吉田清成にあてた書簡で興味深い見方を示している（＊1）。

「一、鹿県下、大男（西郷）は明らかに暴論を拒み、押さえている様子である。帰県の連中（私学校党）はひそかに会議して、大男に（実力行動を）迫っているらしい。考えるに、甲東子《こうとうし》（大久保）から説得して、西郷を再び（東京に）呼び返す策はできないものか」

五代は、西郷が私学校党の激派を押さえていることを理解しながらも、その前途に危惧を感じ、西郷を私学校党と引き離して上京させる方向で大久保が動くことを期待していた。

同じ時期、五代は元・薩摩藩家老の桂久武を通じて、西郷に揮毫《きごう》を依頼したところ、快く応じ、「誠心貫鉄石」の五文字を書いてくれた。五代は「南州（西郷）の御筆労、誠に有難く、万謝《ばんしゃ》奉り候」と大いに喜び、鉱山経営の会社、弘成館の壁に掛けたという（＊2）。

一方、大久保利通との仲は西郷よりももっと親密だった。五代は内務卿となった大久保のために尽力する。

大阪会議が開かれた料亭「花外楼」 ＝大阪市中央区

征韓論や台湾出兵問題で、西郷、板垣退助、木戸孝允らの要人が下野したため、大久保政権は苦境に陥っていた。大久保の挽回策は、木戸と板垣を再び政府に復帰させることだった。いわゆる大阪会議である。木戸と板垣は国会開設、立憲政体の確立を要求、同八年二月、大久保がそれを飲む形で三者の提携が実現したのである。

この三者会談を周旋したのは長州の伊藤博文と井上馨《かおる》、薩摩の吉井友実、黒田清隆、税所篤などだとされるが、じつは大阪にいた五代も大いに骨折りしている。

同七年暮れ、東京から大阪にやってきた大久保は五代邸を宿舎とし、翌八年元旦を同所で迎えた。一月七日、木戸も大阪に着き、五代邸を訪れて大久保と囲碁をしている。大久保は五代邸を根城にして、有馬温泉での湯治、楠木正成ゆかりの金剛山、赤坂城、千早城などの史跡をめぐったりして保養している（＊3）。

一方、大久保の主たる狙いが木戸の説得にあることを知っていた五代は、木戸とも頻繁に会い、囲碁などでもてなしている。

かくして、二月十一日、三者が北浜の料亭「加賀伊」（のち花外楼《かがいろう》）で会見して合意が成立した。木戸は上京にあたり、五代に礼状を送り、「もう少し日にちがあれば、囲碁の指南をお願いしたかったが、残念だ」と記している（＊4）。

しかし、同十一年五月十四日、五代が兄のように慕った大久保は凶刃《きょうじん》にたおれる。五代は滞欧中の松方正義にあてた書簡で「警視（川路利良）の油断の責任は免れないが、いまさらあれこれ悔やんでも無益だ」と憤慨しながら、「内国の光景は、暗夜に火を失するに似ている」と述べ、大久保の死によってわが国の前途が真っ暗になったと嘆いたほどだった（＊5）。

だが、五代は大久保の死を乗り越えて、さらなる奮闘を決意する。

＊1　『五代友厚伝記資料一』書翰二二四　日本経営史研究所編　東洋経済新報社

＊2　『五代友厚伝』第七章　五代龍作編・刊／＊1書翰二四二　桂久武宛
＊3　『大久保利通日記』上　侯爵大久保家蔵版
＊4　＊1書翰　木戸孝允書翰
＊5　＊1書翰三三九　松方正義宛

五代友厚、薩摩から大阪へ（14）

――大阪復興へ多彩な奮闘

明治十（一八七七）年から十一年にかけて、西郷隆盛、大久保利通、木戸孝允の維新の三傑が相次いで他界する。

五代友厚は京都で病床にあった木戸を大阪の病院に入れて世話をし、大久保と共に見舞ったこともあった。とりわけ、盟友ともいえた大久保の死は五代友厚にとって大きな衝撃だったと思われる。

西南戦争は西郷と大久保という郷里の先輩を分かつことになった。同戦争を好機と見て、岩崎弥太郎や大倉喜八郎などは政府と結んで財閥を築くことに成功した。

しかし、五代はそれに加担しなかった。郷里の朋輩たちの命と引き替えに利を得ることを潔しとしなかったからだろう。

五代の関心は個人や自社のみの利益追求ではなかった。かつて「天下の台所」と呼ばれながら、明治維新以来、地盤沈下している大阪全体の復興こそめざすものだった。

大阪の没落は新時代に対応できずに多くの商工業者が廃業に追い込まれただけではな

かった。江戸時代に長く培ってきた信用制度や商取引慣行が崩壊したことも大きかったのである。

五代はまず、信用制度の回復、新たなビジネスルールの確立という社会経済のインフラを整備しようとした。

そのために、江戸時代にあった商工業者たちの組合である株仲間が培ってきた商取引や信用制度を活用することさえしたという。株仲間は加盟商工業者だけの共同利益を図る排他的な組織だが、五代はそれを近代的な、開かれた形で代替した団体の設立を構想したともいわれる（＊1）。

大阪商工会議所前に立つ五代銅像　＝大阪市中央区

そして同十一年七月、五代は同志の中野梧一《ごいち》、広瀬宰平《さいへい》らとともに大阪商法会議所設立の願書を大阪府知事の渡辺昇に提出し、翌月設立が許可された。九月二日に開かれた総会で、五代が会頭に推挙された。のちの大阪商工会議所である。

これに先立つ同年三月、東京では渋沢栄一らによって東京商法会議所が設立されて

大阪商業講習所跡

いた。大阪は二番目だったが、多くの会員を有し、各種の商業仲間を設置した。五代らはそうして多彩な事業を奨励、指導していくのである。

五代は商法会議所と相前後して、大阪株式取引所の設立にも発起人として参加している。大阪の商人たちは江戸時代から同族経営に慣れていたが、事業規模は零細で孤立していた。五代は株式による共同出資という方法を導入、指導したのである。

同時に、五代は明治の新時代には、それにふさわしい人材の育成が課題であることも知っていた。五代は発起人となって、同十三年に大阪商業講習所の設立に尽力した。同所では簿記、経済、算術を正科とし、それに銀行、仲買、小売、郵便、電信などの実務科目を加えて商業取引の実地教育を行ったのである。同所はのちに大阪市立大学に引き継がれた。

五代の大阪復興構想の原点は幕末の欧州視察にあった。欧州各地の工場などを視察した五代は欧州の富強の根源を探り当てた。長崎時代の友人で薩摩藩士の野村宗七（のち盛秀）にあてた書簡で次のように述べている（＊2）。

「欧羅巴《ヨーロッパ》において国家の基本たるもの二あり。インジストレード（工業）とコンメンシアール（貿易）と云ふ」

五代は「工業」と「貿易」による大阪復興をめざした。五代が播《ま》いた種はその死後に実り、大阪は「東洋のマンチェスター」と呼ばれる工業都市に発展したのである。

＊1　宮本又郎『商都大阪をつくった男　五代友厚』第三章　NHK出版　二〇一五年

＊2　『五代友厚伝記資料四』政治・外交二二　野村盛秀書翰　日本経営史研究所編　東洋経済新報社

五代友厚、薩摩から大阪へ（15）

――官有物払下げ事件の苦悩

五代友厚の生涯で、ほとんど唯一の暗部といえば、明治十四（一八八一）年の開拓使官有物払い下げ事件だろう。

北海道の開拓使廃止に伴い、十年間に一四〇〇万円という巨額の投資分（官舎、倉庫、土地、船舶、工場、牧場、鉱山など）を民間に払い下げることになった。その払い下げ条件が破格で、総額三八万七〇〇〇余円、無利息三〇年賦《ふ》である。投資総額の三十六分の一という格安さだった。

開拓使長官の黒田清隆は、開拓使の元幹部たちが組織した北海社にそのほとんどを払い下げようとした。そして同社の背後に五代が中心となって結成した関西貿易社がいると噂された。つまり、薩閥同士の官民癒着だというわかりやすい構図で新聞などが激しく糾弾し、それが政府内の分裂も引き起こすという一大疑獄事件に発展したのである。

しかし、事件当時から五代周辺では、そうした非難に対して憤慨していた。五代とともに関西貿易社を設立した広瀬宰平《さいへい》（住友総理人）が五代に送った書簡で、①払い下げを受けた北海社と自分たちの関西貿易社は無関係であること。②関西貿易社は資本金一〇〇万円をもち、政府着手の事業に頼る必要はないこと、③今回の非難の大合唱はみな某社の策謀に出ることと推察する、などと述べている（＊1）。

五代らの関西貿易社は海外貿易のための輸出入会社として設立された。五代がその事業のために熱心に北海道を視察していた。そして、官有物のうち、岩内《いわない》炭鉱と厚岸《あっけし》の山林の払い下げを希望していたのは事実だった。しかし、それは膨大かつ広範な払い下げ物件のうち、ほんのわずかにすぎなかった。

とくに岩内炭鉱から産出される石炭を釜石製鉄所に搬送して、東北振興に役立てたいと五代はひそかに考えていた。しかし、広瀬はここの石炭は製鉄に不向きで、撤退したほうがよいと五代に忠告していたほどで、もともと関西貿易社は払い下げにそれほど固執していたわけではない。なお、③の某社とは三菱を指しており、広瀬はこの騒動の背後に北海道海運独占を狙う三菱の影を見ていた（＊2）。

開拓使辞官直後とされる黒田清隆　＝井黒弥太郎「黒田清隆」より

近年、そうした五代の「悪名」を見直す

動きも出ている。末岡照啓氏（住友史料館副館長）は、関西貿易社は決して薩長藩閥の商社ではなく、五代を総監、広瀬を副総監とする大阪財界を中心とした商社であると指摘しながら、広瀬にあてた五代の弁明書（九月七日付）を発掘していることが注目される（＊3）。

そのなかで、五代は関西貿易社は北海社と無関係であることを強調しながら、払い下げ問題は政局に利用されていると訴えている。

その一方で、五代は関西貿易社の無実を新聞紙上で弁明するつもりだったが、政府要路から「（この一件を）無視せよ、これを放置して相手にするなという内諭を得た」という重大な内幕も記している。

ここに五代の苦悩があったのではないかと末岡氏は指摘する。政府要路とは同郷の黒田清隆かその周辺だと考えられる。五代は事件を拡大したくないという政府筋の意向を知らされ、自分が弁明すると、郷里の後輩で薩閥のリーダーである黒田を苦境に陥れ、政府の分裂を招きかねないと考え、ついに沈黙を守り、「悪名」を一身に引き受けたのではないかというのだ。

しかし、この事件後も大阪における五代の人望はまったく衰えることがなかった。大阪の人々は五代が事件の被害者だと信じていたのである。

＊1　『五代友厚伝』第十二章　五代龍作編・刊
＊2　＊1に同じ
＊3　末岡照啓「『開拓使官有物払い下げ事件』再考」『住友史料館報』四一号　住友史料館編・刊　二〇一〇年

五代友厚、薩摩から大阪へ（16）

——東京で終焉、盛大な葬儀

五代友厚（一八三五〜八五）は明治十四年の官有物払い下げ事件ののちも精力的な事業を行っている（*1）。

①新橋—日本橋間を結んで好評を博した東京馬車鉄道会社。
②外国船の停泊による貿易拡大をめざした神戸桟橋会社。
③三菱の海運独占に対抗した汽船会社の共同運輸設立と、のち両者が合併した日本郵船株式会社の設立。
④関西で最初の私鉄、阪堺《はんかい》鉄道会社の設立（のち南海電鉄）。

という具合で、いずれも公共的な役割を果たし、大きな発展を遂げた事業ばかりである。

しかし、飽くことない五代の事業欲も終わるときがきた。頑健が自慢だった五代の身体が病魔に蝕《むしば》まれはじめたのである。

明治十三（一八八〇）年頃から心臓病の徴候を発していたが、同十五年には糖尿病を発症した。同十八年初めには東京・築地の別邸で眼病にかかった。これは糖尿病からくる白内障だった。

同年七月、同郷の友人で大蔵卿の松方正義が大阪に来て五代に会った。松方は五代の病状悪化を心配し、帰京後、これまた同郷の高木兼寛に相談した。高木は英医ウィリアム・ウィリスに師事、英国留学も経験し、この年には海軍軍医総監に就任していた。のちに東京慈恵会医科大学の創設者となり、森林太郎（鷗外、陸軍軍医総監）と論争し、脚気《かっけ》の原因を発見したことでも知られ、当代一の名医だった。

高木はすぐさま来阪して五代を診察し、憂慮すべき病状だと告げて、東京での療養を勧めた。五代はそれに従い、同年八月二十日、妻豊子と数人の書生とともに上京、築地大川端にある五代の別邸に入った。

五代終焉の地　＝東京都中央区明石町・聖路加国際大学付近

上京してからも五代は自邸にこもらず、頻繁に来客を迎えたり、外出して要人たちと面談した。九月十七日、内閣顧問という閑職にあった友人の黒田清隆と会って励ました。

しかし、その夜から急に病状が悪化した。高木と陸軍軍医総監の橋本綱常が昼夜交替で治療を尽くしたが、その甲斐なく二十五日午後一時、ついに不帰の客となった。享年五十一（＊2）。

危篤状態の二十二日、黒田清隆、松方正義、吉井友実、税所篤、堀孝之、岩瀬公圃《こうほ》など永年の友人たちが集まり、五代の遺言を聞き取った。それによれば、後嗣は五代が目をかけていた九里龍作（東京大学教授）を養子に迎え、長女武子と縁組みさせることになった。五代家の事業も友人たちが相談して取り計らうことに決まった（＊3）。

五代友厚銅像　＝大阪府立大学

他界の三日前、叙勲の沙汰があり、明治天皇から勲四等旭日小綬章が贈られた。

五代の終焉の地はあまり知られていない。縁が深い大阪だと思う人もいるかもしれないが、東京・築地の別邸で亡くなっている。そこはかつて忠臣蔵で知られる浅野内匠《たくみ》頭《のかみ》の屋敷があった（＊4）。現在は聖路加国際大学の敷地である。

葬儀は松方の意見で大阪で執り行われることになった。十月二日、葬儀は大阪・中之島の五代邸で執り行われた。弔問客はじつに四三〇〇余人の多数にのぼり、阿倍野の墓所までの行列も一・三キロの長さに及んだという。五代の声望のほどが知られる（＊5）。

なお、五代は死の直前、戸籍を鹿児島から大阪に移している。五代と大阪の深い縁を感じさせる。

＊1　宮本又次『五代友厚伝』Ⅲ実業家時代　有斐閣　一九八一年
＊2　『五代友厚伝』第十三章　五代龍作編・刊
＊3　『五代友厚伝記資料四』雑纂一八六　事業についての友厚の遺言　日本経営史研究所編　東洋経済新報社
＊4　『五代友厚秘史』　五代友厚七十五周年追悼記念刊行会編・刊　一九六四年
＊5　＊2に同じ

若き五代友厚、長崎商人に大金を融資
――小曽根家に七五〇〇両

二〇一五年暮れ、長崎市の小曽根《こそね》家を訪問した。小曽根家は江戸時代、長崎有数の商人で、幕末には勝海舟や坂本龍馬と亀山社中（のち海援隊）を支援したことで知られる。

ご当主の吉郎、育代ご夫妻から五代友厚（当時、才助）の古文書が伝来していると伺い、大変驚いた。拝見させてもらうと、五代の長崎駐在時代の証文で、大変貴重なものだとわかった。その内容や写真をご紹介したい。

包紙《つつみがみ》には、小曽根六左衛門、同六郎、同清三郎の宛所《あてどころ》と、「松陰《しょういん》」という五代の号が書かれている。六左衛門は当時の当主。六郎はその嫡男で乾堂《けんどう》という号でも知られ、龍馬たちを援助した人物。清三郎は六郎の弟で、海援隊にもかかわっている。

中袋の表に「金子御取替申候一札《きんすおとりかえもうしそうろういっさつ》」とあり、五代が小曽根家に金を貸す証文である。ふつう、富裕な商人が貧乏な藩や武士に貸す例が多いが、これは逆のケースなのが興味深い。

証文にはまず、「金七千五百両　利足七朱之極《しちしゅのきまり》」とある。五代が小曽根家に七五〇〇両もの大金を融資し、利息（利足）は七朱（七％）の約束という趣旨である。そして但《ただ》し書き

があり、引き当て（担保物件）として、小曽根家所有の本博多町《もとはかたまち》の家と土蔵の在庫、同じく平戸町の地所が指定されている。次に融資の理由と返済方法が書かれている。

「右は（小曽根家から）よんどころないご相談につき、拙者《せっしゃ》（五代）が自金の筋でお世話しますので、ご返済は戌《いぬ》年（一八六二年）から寅《とら》年（一八六六年）までの五か年で、毎年一五〇〇両ずつ、相違なくお見積もり下さい。万一、この証文に背かれたら、担保を遠慮なく引き揚げます」

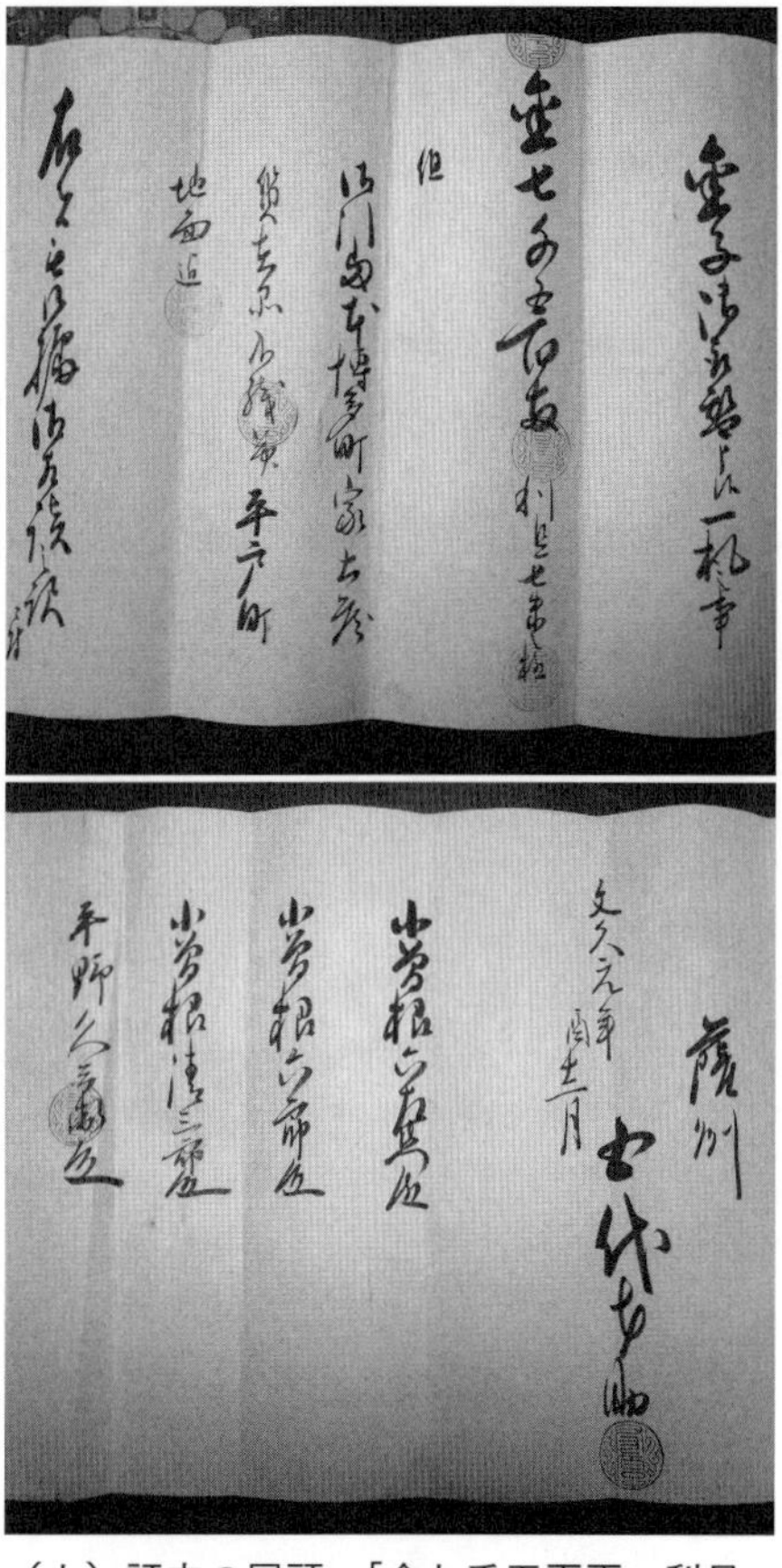

（上）証文の冒頭。「金七千五百両　利足七朱之極」とある（下）「薩州　五代才助」の署名と捺印（小曽根吉郎氏所蔵）

末尾に文久元（一八六一）年十二月とあり、「薩州　五代才助」と署名、捺印《なついん》している。

小曽根家はかねてから薩摩藩や五代と親交があったらしく、五代はその縁から小曽根家に融資したのではないか。利息七％は当時の相場の半分程度の低利であることからも、この融資は援助の面が強い。

当時、小曽根家は経済的な苦境にあった。長崎の開港に伴い、海外貿易の活発化を見込んで、小曽根築地《ついじ》と呼ばれる土地約一万坪を造成した。ところが、文久元年末、その築地の過半を外国人居留地に組み入れるという長崎奉行の命令で収公されたという（＊1）。そのため、小曽根家は打撃を受けて大きな借財を抱えたことが五代の証文の背景にあった。

注目すべきは、五代が七五〇〇両を「自金の筋」、すなわち自分の金だと書いていることである。しかし、五代がそのような大金をもっていたとは到底思えない。

五代は安政四（一八五七）年、幕府の長崎海軍伝習所に伝習生として入所して以来、長崎駐在が長く、当時も蒸気船購入の任務を帯びて長崎にいた。証文からほどない文久二年二月、五代は英国商人グラバーの協力により上海で蒸気船を購入している。代金は四万両だったという（＊2）。

当時、五代が巨額の藩金を預かっていたのは確実で、それを融通したか。あるいは長崎が天領なので、薩摩藩が五代の名義で融資したものか。いずれにしろ、まだ二十代半ばの五代が大金を動かせる才覚があったことがわかる。

＊1　小曽根育代『小曽根乾堂 謎解きの旅―幕末明治を刻した長崎陣―』長崎新聞社　二〇一五年
＊2　『五代友厚伝記資料四』政治・外交二　五代才助ヲシテ汽船ヲ上海ニ買フ　日本経営史研究所編　東洋経済新報社

第四章　個性豊かな薩摩の群像

有村次左衛門と桜田門外の変

――決行前夜の哀しい秘話

いまから一六〇年ほど前の安政七（一八六〇）年三月三日、江戸城の桜田門外で一大事件が勃発した。世にいう桜田門外の変である。ときの大老である井伊直弼《いいなおすけ》が水戸、薩摩の脱藩浪士の襲撃により殺害されたのである。

このとき、井伊大老の首級をあげたのち自刃したのが、薩摩浪士の有村次左衛門《じざえもん》（兼清、一八三八〜六〇）だったことは知られている。この襲撃に加わったのは水戸浪士の十七名のほか、薩摩浪士は次左衛門だけだった。次左衛門の兄雄助《ゆうすけ》（兼武、一八三三〜六〇）も結盟していたが、京都への連絡役だったので襲撃には参加していない。

有村兄弟は鹿児島城下の高麗町に生まれた。四人兄弟で、雄助が二男、次左衛門が三男。長兄は俊斎《しゅんさい》（のち海江田信義《かえだのぶよし》）、末弟は国彦である。島津斉彬の遺志を継ぐために城下士で結成された精忠組《せいちゅうぐみ》に四兄弟ともども加盟している（＊1）。

兄弟のうち、雄助と次左衛門は江戸詰めだった。精忠組は結社あげての脱藩突出を企てようとしたが、藩主島津茂久《もちひさ》の諭書《ゆしょ》により計画を中止したため、江戸詰めの二人だけが水戸浪士たちに合流したといういきさつがあった。

襲撃決行前夜の三月二日、決死の覚悟の水戸浪士たちは品川宿の妓楼《ぎろう》相模屋に集まり、訣別の宴を開いて名残を惜しんだ（＊2）。だが、有村兄弟はそこに出席していなかった。とくに次左衛門には出席できない理由があったのである。

それは祝言《しゅうげん》のためだった。なぜ襲撃前夜に婚礼を挙げるのか。相手は日下部《くさかべ》伊三治《いそうじ》の娘松子だった。

日下部家はもとは海江田を名乗る薩摩藩士だったが、松子の祖父海江田連《むらじ》が脱藩して水戸藩士となった。松子の父、伊三治は島津斉彬の知遇を得て薩摩藩士となった。しかし、安政の大獄により、伊三治と嫡男裕之進《ゆうのしん》は小伝馬町《こてんまちょう》の獄につながれ、伊三治はほどなく獄死し、裕之進も翌年獄死している。

有村雄助・次左衛門誕生地
＝鹿児島市高麗町

日下部家では、残された伊三治の妻静子と娘の松子が仇の井伊大老の打倒を念願し、水戸浪士たちを自宅に匿ったり、水戸や薩摩の有志に密議の場を提供したりしていた。有村兄弟も日下部家に出入りしていた。

静子は有村兄弟を気に入っていた。とくに

松子は次左衛門にほのかな恋心をいだいていたようである。

大久保利通の日記に「有村次左衛門に関する哀話」と題した記録がある（＊3）。それによれば、静子は夫と嫡男が入獄したため、松子に聟を迎えて日下部家を相続させたいと思い、薩摩藩士の堀仲左衛門《ちゅうざえもん》に相談した。堀が取り次ぐと、次左衛門は決死の覚悟なので他家を継ぐことはできないと断った。

現在の桜田門　＝東京都千代田区

ところが、松子がある夜、夢を見た。枕元に亡父伊三治が立ち、次左衛門を婿に迎えて祝言を挙げろと告げたという。しかも、この夢を二回も見たので瑞夢だというのである。それでも、次左衛門は断りつづけた。

そして二日夜、有村兄弟が日下部家に別れを告げに行くと、静子が祝言を承諾してくれないと、この席を立たせないと迫ったため、ついに次左衛門も折れて、祝言の盃を交わしたのである。二人にはたった一夜だけの契りだった。ときに次左衛門二十三歳、松子十九歳だった。

二人が交わした贈答の和歌がある（＊4）。

次左衛門「春風にさそわれて散る桜花　とめてとまらぬわが思ひかな」

松子「君がためつくす真心天津日《あまつび》の　雲の上まで匂ひゆくらん」

ともに明日には永久《とわ》の別れとなる身の上の切ない心情がうかがえる。

＊1　「薩藩同志者姓名録」『大久保利通文書一』八号参考其二　侯爵大久保家蔵版

＊2　『茨城県史』近世編　茨城県史編集委員会編　茨城県

＊3　『大久保利通日記』上　万延元年閏三月九日条　侯爵大久保家蔵版

＊4　「有村家文書」『史籍雑纂』第五　国書刊行会編　続群書類従完成会

有村雄助と桜田門外の変
——自刃後、幕吏の遺体検分

前回、桜田門外の変に加わった有村次左衛門の秘話を書いた。今回はその兄有村雄助（兼武、一八三三〜六〇）の同事変での足跡と最期について紹介したい。

安政七（一八六〇）年初め、薩摩藩と水戸藩の激派の間で大老井伊直弼《いいなおすけ》による安政の大獄に抗する水薩盟約がひそかに結ばれた。江戸詰めだった雄助は弟次左衛門とともに、その交渉の中心人物だった。また水戸藩激派のリーダーである金子孫二郎を自分の長屋に匿ったりした。

二月下旬、有村兄弟は水戸藩激派と協議して、①井伊大老の襲撃、②横浜の外国商館焼き打ち、③上京した薩摩藩兵による京都御所守衛という三方針を確認した（＊1）。①②は水戸、③は薩摩という分担も決められた。しかし、実際は水戸の脱藩浪士の数も少なく、薩摩も国許からの率兵上京が不発に終わり、実行できたのは①だけだった。

それはともかく、雄助は金子から襲撃の結果を見たうえで、京都への連絡に同行してほしいと依頼された。雄助は「願わくは襲撃の人数に加えてほしい。弟の次左衛門は襲撃組なので、兄弟が別れるのは人情において忍びがたい」と難色を示し、襲撃組への参加を何度も主張した。だが、金子はじめ水戸の一統から、上京したのち、頼みとする近衛家や島津家への連絡は雄助でなければできないからと懇願されて、とうとう連絡役を引き受けたといういきさつがあった（＊2）。

三月三日、桜田門外での襲撃を見届けた雄助は金子、佐藤鉄三郎の三人で東海道を西に向かった。しかし、十一日深夜、四日市宿で薩摩藩江戸藩邸の坂口勇右衛門らに寝込みを踏み込まれて捕縛されてしまう。江戸留守居役の汾陽《かわみなみ》次郎右衛門は雄助が幕吏に捕縛されたら大問題になると懸念、先手を打って坂口らに追尾させていたのである。

桜田門石碑

雄助は金子らと切り離されて鹿児島に護送された。精忠組の同志である大久保一蔵は鹿児島西郊の水上坂《みっかんざか》で雄助と面会し、いろいろ事情を聞いたうえで有村家に走ったが、すでに藩庁から無情にも切腹命令が下っていた（＊3）。

藩庁の通達によれば、「（雄助の行動は）藩への不忠とはいえないが、容易ならざる国

有村雄助の首実検碑　＝出水市野間の関跡

難を招き、幕府の追っ手も踏み込もうとしている。本人も最初から決心しているはずだから、自刃を命じる」というものだった。しかも、介錯なしの切腹という非情な藩命だった（＊4）。

　大久保や奈良原《ならはら》喜左衛門《きざえもん》、柴山愛次郎などは藩当局者に雄助の助命を嘆願したが、手遅れだった。雄助は藩命を聴いて表向きは承知したが、内心は納得していなかった。自分の生命に代えて、藩挙げての率兵上京が実現することを最後まで望んでいたのである（＊5）。一説によれば、兄武次（有村俊斎）からひそかに自殺するよう諭された。雄助は表向きは承知したが、本心では心服していなかった。そこへ、切腹せよとの藩命が下ったので、三月二十四日早朝、多数の同志たちが見守るなか、雄助は従容《しょうよう》として自刃した。しかし、介錯が許されない苛酷な処罰だった（＊6）。

　そのころ、幕府方は大坂町奉行所（東西の両町）の役人一行が雄助を追って肥薩国境まで来ていた。その人数十一名という（「雑書集」）。明治になってからの市来四郎の談話によると、幕府方の嫌疑を招かないよう国境で検分を受けることを決め、仮埋葬されていた雄助の遺骸を掘り起こして、出水の野間の関まで運んだ。そして雄助が関所の外で自刃したことにして、役人の検分を受けるとともに、多額の賄賂《わいろ》を贈って事なきを得たという（＊7）。

有村兄弟の死を賭した行動により、幕末は一層激動することになるのである。

＊1　吉田常吉『井伊直弼』　吉川弘文館　一九八五年
＊2　「有村家文書」『史籍雑纂』第五　国書刊行会編　続群書類従完成会
＊3　『大久保利通日記』上　万延元年三月二十三日条　侯爵大久保家蔵版
＊4　＊3に同じ
＊5　＊3に同じ
＊6　＊3に同じ
＊7　『忠義公史料一』一七九号／「有村兼武処分風文書」「雑書集」『維新史料綱要データベース』万延元年三月十三日条

北郷久信と乾行丸

越後沖で幕府軍艦と交戦

日向庄内《しょうない》（現・都城市）の北郷《ほんごう》氏（のち都城島津家）の分家で、平佐北郷家がある（現・薩摩川内市平佐）。知行高は幕末期で八二〇七石余もあった大身の一所持《いっしょもち》（門閥の私領主）である（＊1）。

幕末期の当主は十三代北郷久信（一八三一～八七）である。通称は作左衛門、のち主水《もんど》と称した（＊2）。

久信は開明的な領主で、領内の身分を超えた人材抜擢を図り、殖産事業に力を尽くした。とくに特産品の平佐焼（皿山焼）の改良を勧め、陶工の清水与右衛門を登用するとともに、皿山磁器製造所を拡充、鼈甲《べっこう》焼などの新技術も導入し、製品を海外に輸出して好評を博したという。

久信はまた軍制改革にもあたっている。文久元（一八六一）年には小松帯刀とともに長崎に水雷伝習のため留学、のち水雷開発にも携わっている。また領内の天辰《あまだつ》村桑木水流《くわのきづる》に銃器工場や造船所をつくり、燧石銃を製造し、西洋帆船を建造している（右同書）。

そうしたキャリアを買われたのか、慶応四（一八六八）年の戊辰戦争になると、久信は藩当局から軍艦乾行丸《けんこうまる》の船将を拝命、北陸方面の海域に出動した。その様子を『薩藩海軍史』や「軍艦乾行丸戦状」からみてみよう（＊3）。

乾行丸は元・英国砲艦（排水量：五二三トン）。薩摩藩が元治元（一八六四）年七月、長崎で購入した。代金七万五千ドル。大砲六門を有し、三年後に購入した春日と並ぶ薩摩藩が誇る軍艦だった。

慶応四年三月十八日、乾行丸は鹿児島を出航、兵庫に向かった。船将の久信のほか、次官の本田親雄、指揮役の沖一平など士官以上一三名、その他七七名の計九〇名の乗組員だった。

北郷久信

兵庫で乾行丸は越後への出征を命じられ、長州の丁卯丸《ていぼうまる》と同行することになった。折から北越戦争が始まっており、陸の政府軍を海から支援する任務だった。

五月二十二日に越後柏崎に着いた。二十四日、出雲崎まで進出すると、近くの寺泊《てらどまり》に旧幕艦の順動丸（四〇五トン）が停泊していることがわかった。同艦は長岡・会津・桑名など

軍艦乾行丸　＝『薩藩海軍史』下より

奥羽列藩同盟の諸藩を支援するため、箱館から新潟へ軍需物資の運搬をしていた。

久信率いる乾行丸は丁卯丸と共同して寺泊に向かった。それを察知した順動丸は外洋に出て遁走しようとした。乾行丸はその前途を遮り、丁卯丸が後方を抑えた。挟み撃ちになった順動丸は苦しまぎれに乾行丸に大砲三発を撃ってきたが、どれも届かない。乾行丸が数発放つと、順動丸の外輪と船首に命中した。同艦は船首をめぐらして海岸に向かったが、寺泊の円福寺前に擱座《かくざ》、乗組員は陸に逃れた。乾行丸は同艦を鹵獲《ろかく》しようとしたが、暗礁が多くて近づけず、陸路からの鹵獲作戦もうまくいかないうちに同艦は自爆してしまう。

その後、乾行丸は佐渡の小木《おぎ》港を政府軍諸艦の停泊根拠地とする活動を行ない、久信は上陸して旧幕官吏の制圧、鎮撫につとめた。

しかし、乾行丸は石炭不足と汽罐《きかん》故障のため、能登半島の七尾港に滞泊、修理を余儀なくされた。一時、復旧して新潟港に向かうも、旧幕側の砲台からの砲撃で、左舷から右舷に貫通するという被害を受けた。

八月十一日、僚艦の春日が到着したことにより任務を交代、乾行丸は横須賀で修理することになった。それに伴い、久信の戊辰戦争は終わりを告げた。

＊1 『薩陽武鑑』 尚古集成館 一九九六年
＊2 『北郷久信報効事歴並歴代系譜』 私家版
＊3 『薩藩海軍史』下 第二十三章、第二十五章附録「春日乾行艦歴」／『薩藩出軍戦状』一 日本史籍協会編 東京大学出版会

佐土原藩小隊長 宇宿代吉の古写真

――戊辰戦争中、京都で撮影

二〇一二年五月、友人に誘われて、京都・伏見の大黒寺《だいこくじ》で開かれた寺田屋事件一五〇年の法要に列席した。

そこで、都城市出身で京都在住の井福正憲氏（京都宮崎県人会会長）にお会いし、貴重な古写真（複写）を拝見した。

一目見て、その状態のよさと被写体のイケメンぶりに驚いた（写真参照）。写っていたのは、佐土原《さどわら》藩士の宇宿代吉《うすくだいきち》。戊辰戦争出征時に京都あたりで撮影したのではないかと直感した。

写真の所有者は子孫の宇宿啓志氏（大阪府箕面市在住）である。のちに写真裏面に宇宿本人の裏書きがあるのを教えていただいた。次のように記されていたという。

「連日ノ甚雨《じんう》ナレドモ、今日晴天故ニ意ヲ決シテ此挙《このきょ》ヲ為ス

明治元戊辰年五月廿一日

于時《ときに》年二十七歳

宇宿代吉 源州治」

推定したように、戊辰戦争中に撮影されたもので、宇宿は当時二十七歳、実名は州治（「くにはる」か）だったことも判明した。逆算すると、生年は天保十三（一八四二）年。薩摩藩士の大山巌（のち元帥、陸軍大臣など）と同年である。

撮影年月日は裏書にあるように、慶応四（一八六八、明治元）年五月二十一日だが、撮影場所はどこなのだろうか。古写真研究者の森重和雄氏によれば、敷物の柄などから、撮影者は京都の写真師・堀与兵衛《よへえ》（一八二六～八〇）だという。

佐土原藩二番銃隊小隊長・宇宿代吉

与兵衛は元治元（一八六四）年三月から写真館を始め、京都・寺町通高辻あたりに堀写真館を開いた。また慶応年間（一八六五～六八）に祇園《ぎおん》町切通に祇園支店を開いている。森重氏によれば、撮影場所は祇園支店だという。

写真の細部も興味深い。宇宿は当時の薩摩藩士の士官クラスが着していたのと似たダブルボタンの半マンテル（ハーフコート様）で、ズボン姿である。右足はくるぶしから下の短靴《たんぐつ》を履いているように見える。

右手に持ったピストルも注目される。平山晋氏（軍装収集家・研究家）によれば、フランスのル・フォショウ拳銃だという（＊1）。写真では隠れて見えないが、右腰部にホルダーを提げていると思われる。ピストルは当時高価で、士官クラスが携帯していたという。また胸に懸かるひもは胸ポケットに入れた懐中時計のものだろう。

では、宇宿代吉とはどのような人物なのだろうか。詳細は不明だが、桑原節次『佐土原藩史』『復古記』などにいくつか記事がある（＊2）。

文久二（一八六二）年冬、佐土原藩士二十余名が上京、そのなかに宇宿もいた。翌三年には薩摩藩とともに禁裏御所乾門《いぬいもん》の警備についている。

慶応四（一八六八）年一月、戊辰戦争が始まり、東征の際、佐土原藩は東海道と北陸道の二手に分かれて進撃する。このうち北陸道は二番銃隊、二番砲隊、六番隊が担当した。そして二番銃隊の小隊長が宇宿で、兵士、輜重あわせて六十余名を率いた。

当初、宇宿の二番銃隊は藩主島津忠寛に従い、東下する予定だったが、六月五日、忠寛に出征中止の命が出たため、宇宿らは改めて北陸道に転進、さらに会津へと進撃した。

会津戦争で佐土原藩は苦戦した。とくに九月十五日、青木村の戦いでは僚軍の薩長両藩兵が退却したため佐土原藩の二番と六番銃隊が孤立し、藩兵長官の新納八郎二、宇宿の部下の分隊長籾木勇太郎はじめ、少なくない藩兵や夫卒が戦死している。

会津藩が降伏すると、九月二十二日、宇宿らは会津藩主の松平容保《かたもり》・喜徳《のぶのり》父子が幽閉された妙国寺の警衛にあたっている。その後、宇宿らは六番隊と仙台、庄内方面に出動している。

以上はあくまで宇宿についての断片的な情報で、詳細は史料不足のためよくわからない。地元佐土原での解明を期待したい。

＊1　ル・フォルショウ拳銃は初期のリボルバー式で、フランスやベルギーで軍用拳銃として採用されている。幕末軍事史研究会『武器と防具　幕末編』新紀元社　二〇〇八年

＊2　桑原節次『佐土原藩史』佐土原町教育委員会校訂　佐土原町教育委員会　一九九七年／『復古記』第十三冊「白河口戦記」第九・十　東京大学史料編纂所編　東京大学出版会

竹下清右衛門と水戸藩の反射炉
――耐火煉瓦の製造に苦労

幕末の薩摩藩では、藩主島津斉彬が集成館事業を展開した。その中心的な事業は反射炉をはじめとする製鋼や大砲製造用の諸施設の建設だった。

斉彬は欧米列強の東アジアへの進出と脅威に対して海防充実の必要を痛感し、大砲の大量鋳造を計画した。反射炉はそれに応えるもので、銑鉄《せんてつ》を高熱で溶解して良質の製鋼を得る施設だった。

わが国で反射炉第一号をつくったのは佐賀藩である。藩主鍋島直正が嘉永五（一八五二）年四月に完成させた。次いで、斉彬が同年冬に建設に着手、翌六年夏、いったん完成したものの、炉身の耐火煉瓦の耐熱性が不十分で挫折した。それから幾度か多の失敗を乗り越え、安政三（一八五六）年春に完成している（＊1）。

この反射炉建設にかかわった技術者の一人に、銃砲鋳製方掛の竹下清右衛門（矩方《のりかた》、一八二二～九八）がいる。

その頃、斉彬は水戸藩主の徳川斉昭《なりあき》と深い交流があった。斉昭は斉彬と同憂の同志だった。斉昭が水戸藩でも大砲を鋳造するため、反射炉を建設することを決意し、斉彬に協力を依頼、清右衛門を指名してきたのである。それはまだ薩摩藩の反射炉を再建中の同元（一八五四）年四月のことだった（＊2）。

水戸藩では、斉昭の腹心である藤田東湖が親交のある三春《みはる》藩士で蘭学者の熊田嘉門に助力を乞い、嘉門がさらに友人の蘭学者で砲術家の南部藩士、大島惣左衛門に声をかけた。二人は清右衛門と長崎でともに蘭学を学んだ学友だった関係から、清右衛門にも協力を要請したといういきさつがあった（＊3）。

反射炉は水戸藩領内、那《な》珂《か》湊《みなと》近くの吾妻台に建設することになった。反射炉の建設にあたって最大の難関は耐火煉瓦の製造である。それについては清右衛門の集成館事業での失敗の経験を教訓にしようと考えていた。

水戸藩の反射炉（復元）
＝茨城県ひたちなか市

銑鉄の溶解は一三〇〇度の高熱が生じる。それに耐えうる煉瓦の製造は至難の業だった。清右衛門らは領内を探し回り、那珂川上流の下野国那須郡の小砂《こいさご》村に産出する粘土に着目、これを原料に焼いた煉瓦が耐熱性に優れていることを発見した（＊4）。

かくして、水戸藩の反射炉が完成したのは清右衛門が出向してから二年後の安政三年三月である。

その間、清右衛門には並々ならぬ苦労があったようだ。まず招聘しておきながら、水戸藩の待遇があまりよくなかった。清右衛門の給与は年間で一〇人扶持（一七・五石）と、月二両の現金支給だけだった。それだけでは生活が苦しかったのか、斉彬の側近に金三〇両の無心をしている（＊5）。

また居住環境も悪かった。清右衛門は吾妻台の近くの柳沢村に反射炉建設の動力源とした水車場の長屋に仮住まいしていたが、絵図面を広げるのもままならないほど狭いうえ、あまりの暑気に堪えられず、引っ越しを願い出たほどである（＊6）。

煉瓦焼成窯復元

清右衛門らがつくった耐火煉瓦はその後の耐熱実験により、二〇〇〇度の高熱に耐えられるほど良質だったという。

後日談である。那珂湊の反射炉は元治元（一八六四）年、水戸藩の内部抗争により破壊された。現存しているのは昭和十二（一九三七）年に復元されたものである（＊7）。

＊1　『島津斉彬言行録』　岩波文庫
＊2　『斉彬公史料四』二五・二六・二七号／「堅山利武公用控一」安政元年四月二十二日、五月五月二日条、『斉彬公史料四』
＊3　『那珂湊市史』近世　第九章　ひたちなか市史編さん委員会編　ひたちなか市教育委員会
＊4　＊3に同じ
＊5　＊2「堅山利武公用控一」安政元年閏七月三日条
＊6　『薩藩海軍史』上　第三篇　公爵島津家編纂所編　原書房
＊7　『茨城県史』近世編　茨城県　一九八五年

横山安武の諫死（上）

——直言居士、陽明学に傾倒

東京・杉並区にある大円寺はかつて高輪の伊皿子《いさらこ》にあり、島津家＝薩摩藩の江戸における菩提寺、位牌所だった。同寺を参拝したとき、旧薩摩藩士の横山安武（正太郎、一八四三〜七〇）の大きな板状の墓石を見つけて驚いた。

横山安武といえば、明治三（一八七〇）年七月二十七日、東京・集議院《しゅうぎいん》（政府の諮問機関）の門前で「時弊《じへい》十条」の建白書などを掲げて、抗議の割腹自殺を遂げた人である。

横山の墓は鹿児島市・福昌寺跡墓地の由緒墓（家臣などの墓）にもあり、その隣に西郷隆盛起草（明治五年八月）の顕彰碑があることも知られている。大円寺の墓は横山の死の直後（明治三年七月）に建立されているから、こちらが福昌寺跡墓地の墓石よりも古い。

時勢に抗議した横山の割腹自殺は各方面に大きな波紋を投げかけた。『忠義公史料六』にこの事件が掲載されているが、じつに十五頁にわたって関連史料が収録されている（＊1）。二十代の若い藩士の死亡記事にしては膨大かつ異例で、その死の注目度を示している。

では、横山はどのような人物だったのだろうか。河野辰三編『横山安武伝記並遺稿』に収められた史料を手がかりに、その人物像を探ってみたい（＊2）。

横山は薩摩藩士の森喜右衛門有恕の四男として鹿児島城下の城ヶ谷に生まれた。四歳下の次弟に英国留学生の一人、森有礼《ありのり》（初代文部大臣）がいる。

横山は十五歳で藩儒横山安容《やすかた》（号・鶴汀《かくてい》）の養子となり跡を継いだ。安容は若い頃、一夜に百首の漢詩を作って「奇童」と呼ばれたという。長じて藩校造士館助教兼訓導師をつとめている。

十代半ばの横山は藩主島津斉彬の最晩年に小姓として仕え、その死後、国父久光に仕えたという。西郷起草の碑文に横山の人となりや勤務態度をうかがわせる一節がある。

横山安武（島津久敬コレクション）

「君に事《つか》うるに至りては、則《すなわ》ち顔を犯して人の敢えて言わざる所の者を言う」

すなわち、横山は主君に仕えたとき、主君がイヤな顔をしても遠慮なくずけずけと諫言したというのである。具体的なことは不明だが、横山が直言居士だったことは想像できる。

慶応三（一八六七）年四月、久光が四侯《しこう》

横山安武・森有礼成育の地
＝鹿児島市長田町

会議のために上京したとき、横山もその一行に同行していた。当時の役職は小納戸《こなんど》見習だったという。家老の小松帯刀をはじめ十数名の歌会に出席したり、祇園かどこかの料亭で仲間たちと芸妓《げいこ》を交えて写真を撮ったりして、くつろいだ時を過ごしたときもあった。

翌年五月、横山は久光五男の悦之助（のち久封）の長州藩留学に輔導《ほどう》役として随行した。翌明治二（一八六九）年十二月、同藩内で戊辰戦争帰りの諸隊による反乱が勃発した。横山は危急を国許に知らせるために帰国、大久保利通らに実情を報告した。

しかし、この一件が久光の逆鱗に触れた。悦之助の輔導役という職責を忘却したという理由からである。厳罰に処すべきところ、寛大な処置をするから辞表を提出するよう命じられたのである（＊3）。

職を辞した横山は京都に上り、同郷の軍学者、折田要蔵《おりたようぞう》の家に寄宿した。折田は横山の養父安容の門下生だった。折田の「横山安武死諫《しかん》始末」によれば、横山は在京中、『伝習録』のみを精読していたという（＊4）。同書は陽明学の祖、王陽明《おうようめい》の著作である。知識と実践の不可分（知行合一《ちこうごういつ》）を説く陽明学に横山は傾倒していた。これが諫死事件の思想的な伏線ではないだろうか。

＊1　『忠義公史料六』七二九号「横山安武時弊十条及ヒ征韓ノ非ヲ集議院ニ陳疏シテ自刃ス」
＊2　河野辰三『横山安武伝記並遺構』同上発行　一九七一年
＊3　『玉里島津家史料五』一八六七号「横山正太郎依願退職ノ件」
＊4　＊2所収

横山安武の諫死（下）

――時弊十条、征韓論議批判

明治三（一八七〇）年七月二十六日早朝、鹿児島藩士族の横山安武（一八四三〜七〇）は集議《しゅうぎ》院《いん》（政府の諮問機関）の門前扉に建白書「時弊《じへい》十条」と「別紙添書」を竹の先に挟んで立てかけた。その後、近くの津軽藩邸裏門前で割腹した（＊1）。

それでも、しばらくは息があり、仲間や親類などが治療につとめたが、その甲斐なく同日正午ごろに絶命した。享年二十八歳の若さだった。

前回書いたように、京都の折田要蔵宅に一カ月半ほど滞在した横山は七月一日、東京に着き、在野の儒学者、田口文蔵の塾に入ったものの、上京後、わずか二十日余りで自刃したことになる（＊2）。鹿児島を発つときか、京都滞在中にすでに心を決めていたのではないかと思われる。

横山は命を賭して何を訴えようとしていたのだろうか。

まず「時弊十条」。時弊とあるように、時勢を批判する異議申し立てである（＊3）。前文には、せっかく維新の大業を成し遂げたのに、「旧幕の悪弊が暗に新政に遷《うつ》り、昨日は非としたものが今日はかえって是とするに至っている」と、政府が旧幕府の悪弊に陥っていると厳しく批判している。

第一条では、輔相《ほしょう》（天皇を補佐する行政官の最高官）の大任を担う者をはじめ、政府の官吏が奢侈や驕慢に流れ、上は朝廷を誤らせ、下は庶民の飢餓に気づかないでいると激しい言葉が並ぶ。第二条では、官吏たちが外には虚飾を張り、内には名利を求めている者が少なくないとある。

そのほか、第三条で政府の朝令暮改、第八条で欧米列強との条約が軽率だと外交政策を批判する。第九条では、とくに岩倉具視《いわくらともみ》と徳大寺実則《とくだいじさねつね》の両大納言の実名を出して人事の不正を糺している。

横山安武の墓
＝東京都杉並区・大円寺

輔相は前年の明治二年七月に廃官になったが、岩倉と三条実美《さねとみ》が任官していた。徳大寺はその次の重職にあったから、横山の批判は、政府の首脳部に対して向けられていた。

西郷隆盛が横山の死を賭した諫言に感銘して顕彰の碑文を起草したのも、横山

西郷隆盛が揮毫した横山安武顕彰碑　＝福昌寺由緒墓地

の官僚政治批判に共鳴したからだろう（＊4）。一方、大久保利通も横山の死の当日の日記に「忠志感ずべし」と記している（＊5）。大久保は日記でほとんど感情を表さないから、これは最大限の賛辞だといえる。

注目すべきは横山が残した、もうひとつの「別紙添書」である（＊6）。

当時、朝鮮国との外交関係がこじれ、国内に威勢のよい征韓論議が盛り上がっていた。横山はそれにも批判を向ける。

「朝鮮征討が草莽《そうもう》（庶民）の間で盛んに主張されている。結局、皇国の萎靡《いび》不振（元気がなく衰えているさま）を嘆くあまり、このような憤激論を発しているように見える。しかし、兵を起こすには名分が必要である。とくに海外に対し、一度名分を失うと、たとえ大勝利を得ても天下万世の誹謗を免れることはできない」

横山の諫死は各方面に衝撃を与えただけでなく、賞賛された。批判された当の政府（太政官）から祭祀料一〇〇両が贈られ、鹿児島藩からも知藩事《ちはんじ》の島津忠義が直筆の感状と祭祀料一五〇両を与えているほどである（＊7）。

もっとも、横山の突出した行動に批判の声もあったらしい。鹿児島藩士の道島正亮《みちしましょうすけ》は日記に「横山が東京において自殺す。あまり評判もよろしからず。不似合いの致し方などの段々風説これあり」と記している。さらに鹿児島藩庁も横山が誤聞に惑わされて自刃したので、政府からの祭祀料目録を返上しようとしたほどである。横山の諫死は何かと物議を醸《かも》したようである（＊8）。

＊1　『忠義公史料六』七二九号「横山安武時弊十条及ヒ征韓ノ非ヲ集議院ニ陳疏シテ自刃ス」
＊2　河野辰三『横山安武伝記並遺稿』同上発行　一九七一年
＊3　＊1に同じ
＊4　＊2所収「横山安武碑文」
＊5　『大久保利通日記』下、明治三年七月二十七日条
＊6　＊1に同じ
＊7　＊1に同じ
＊8　『忠義公史料六』七五七号「藩庁横山安武へ下賜ノ祭祀料目録を返上稟請ス」

大山巌とウィリアム・ウィリス

——難関乗り越え、京都に招聘

明治維新の発端となったのは、慶応四（一八六八）年一月の鳥羽伏見の戦いである。ご存じのように、薩摩藩を中心とする新政府軍が勝利を収めたが、死傷者も少なくなかった。一説によれば、薩摩藩の戦傷者だけで百人以上にのぼったという（＊1）。

薩摩藩は二本松藩邸（現・京都市上京区・同志社大学今出川校舎）の北隣りにある相国寺《しょうこくじ》の塔頭《たっちゅう》、養源院《ようげんいん》に臨時の野戦病院を設置して戦傷者を収容して治療にあたった。

しかし、当時の薩摩藩所属の医師たちの医療水準は低く、銃創《じゅうそう》や刀創を適切に手当てできる外科医がいなかった。当時の医療の現状は次のようなものだった（＊2）。

「当時はまだ外科の術では傷口を切開せず、施療の法は内科医の手術に属していたので、銃創を癒やすのに、尋常の膏薬《こうやく》などを貼付するだけだった。そのため、往々にして傷口が化膿して死亡することが多かった」

戦傷者の悲惨な現状を深く憂えたのは、自身も負傷した大山弥助（のち巌）だった。大山は二番砲隊長として従軍、一月五日、京都南郊の富ノ森付近の戦闘で右耳を負傷したが、幸いに軽傷だった（＊3）。一方、大山の従弟《いとこ》である西郷信吾（のち従道《じゅうどう》）は耳の下から首にかけて貫通銃創を負って重傷だった（＊4）。

大山は仲間たちが次々と死亡していくのが忍びなく、西郷吉之助や大久保一蔵に洋医の招聘を訴えた。大山はかつて江川坦庵《たんあん》の塾で学んだとき、西洋医学の外科術が優れていることを知っていたのである。西郷、大久保も大山の訴えを容れた。

鳥羽伏見の戦いで薩摩藩の野戦病院となった相国寺養源院　＝京都市上京区

大山はすぐさま京都から兵庫に向かった。一月二十日ごろと思われる。兵庫には新政府の外務省の上級職にあたる外国事務判事の寺島陶蔵《とうぞう》（のち宗則）と五代才助（のち友厚）が駐在していた。大山は二人に英国公使のパークスに公使館付きの医官の派遣を掛け合ってくれるよう訴えた。二人は二十一日、英国公使館に出向いて要請した。パークスは快諾し、医官のウィリアム・ウィリス（一八三七～九四）に書記官のアーネスト・サトウ（一八四三～一九二九）を同行させ、二十三日に上京させることになった。

ウィリアム・ウィリス
＝鹿児島県歴史資料センター黎明館所蔵

大山の訴えが実ったものの、まだ難関が残っていた。当時、「洋夷」とか「夷人」と呼ばれていた外国人が天皇の御所がある京都に入るのは禁止されていた。前年、パークス一行が近郊の伏見を通過しただけで、朝廷の重職の公家たちが責任を問われて罷免されたほどだった。

大山もそのことを懸念して、大坂駐在の伊地知正治《いじちしょうじ》に相談した。伊地知は以前、五代がベルギー貴族のモンブラン男爵を上京させた先例があることを挙げ、「手負人の生死に関係する医師の上京はいささかも苦しからずと推慮《すいりょ》する」と答えた。大山はウィリスとサトウに面会し、自分の責任で何としても二人を入京させると告げ、一緒に淀川を遡った（＊5）。

京都では西郷や大久保が万端手配していた。伏見にウィリス出迎えのため吉井幸輔を派遣し、野津七左衛門《のづしちざえもん》（のち鎮雄《しずお》）には二人の道中警護を命じた。さらに西郷が在京中の藩主島津茂久（のち忠義）に頼み、「人命に関わる容易ならざることということで、英国が速やかに医師の派遣を認めてくれたので、何とぞ入京をお許しいただきたい」という願書を朝廷に上呈した（＊6）。鳥羽伏見の戦勝の立役者で、新政府軍の中核を占める薩摩藩主の願書を保守的な朝廷も拒否できなかった。

かくして、ウィリスが養源院に着任すると、その見事な外科医術によって多くの負傷兵が救われたのである。

＊1　『忠義公史料四』八三六号
＊2　＊1と同じ
＊3　『元帥公爵大山巌』　大山元帥伝刊行会　一九三五年
＊4　『西郷隆盛全集二』一〇六号　西郷隆盛全集編集委員会編　大和書房
＊5　＊3と同じ
＊6　＊1と同じ

石河確太郎と開成所

——英国留学生派遣を視野に

　このシリーズ最初の一冊、幕末・明治編で、薩摩藩の藩営洋学校「開成所」のことを紹介したことがある。同所開設の計画にかかわり、事実上の校長で教授方だったのが石河確《いしかわかく》太郎《たろう》（実名・正龍《まさたつ》、一八二五〜九五）である。

　石河は薩摩出身ではなく、大和国高市《たかいち》郡石川村（現・奈良県橿原市）の出身である。同村は譜代小藩の高取《たかとり》藩に属していたが、石河の家は藩士の家柄ではなく、代々在野の医者（儒医）だった。のちに石井密庵とも名乗った（＊1）。江戸に出て杉田成卿《すぎたせいけい》に漢学と蘭学を学び、長崎でさらに蘭学を学んだ。

　石河の英才は早くから薩摩藩に注目されていた。島津斉彬が藩主に就任した直後の嘉永四（一八五一）年十一月、のちに集成館事業の同僚となる竹下清右衛門は江戸の杉田成卿の塾で石河と同門となり、石河から蘭書の素読《すどく》の指南を受けていた。竹下が斉彬の側近である三原藤五郎にあてた書簡で、石河のことを「出生も正しく、人物もたしかなる者にて、学問よほど出来申し候」と知らせている。もっとも、石河は生活に窮迫していたために、師匠の杉田は石河を伊勢津の藤堂藩の蘭学指南に推挙した（＊2）。

それから四年後の安政二（一八五五）年、石河はついに薩摩の土を踏む。ただ、雇用先の藤堂藩から逃げ出すといういわく付きだったらしい。そのため、山田正太郎と変名し、しばらく藩内に潜伏していたという。

その間、石河は市来四郎とともに蒸気船製造にかかわり、石河の蘭書翻訳をもとに同三年五月、蒸気船の雛形を完成させている。

斉彬との対面がようやく叶ったのが同四年閏五月のこと。これと前後して、石河は正式に薩摩藩士となり、御小姓与《おこしょうぐみ》で切米《きりまい》十石を給されることになった。そして、反射炉方、蒸気船方、鋳製方という集成館事業の中核的な仕事を担うことになった（＊3）。

慶応元（1865）年当時の石河確太郎
＝「本邦綿絲紡績史」第一巻より

石河のその後の仕事は紡績工業の推進が有名だが、元治元（一八六四）年の開成所の構想や開設にも深くかかわっていた。

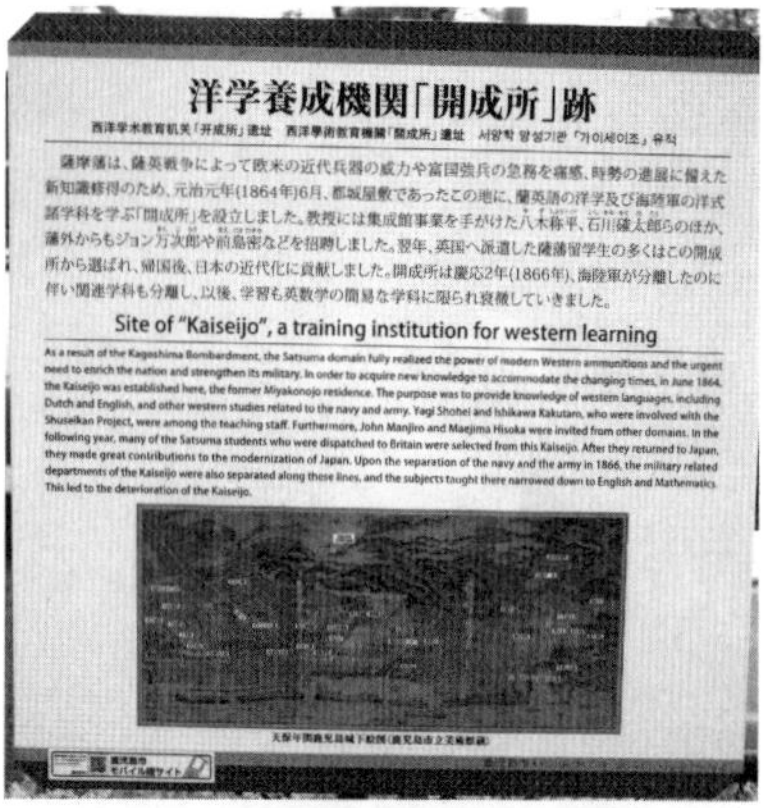

開成所案内版

石河が同年十月二十日に側役の大久保一蔵（のち利通）にあてた上申書がある。十五条に及ぶ長文で、開成所の目的、組織、カリキュラム、教官と学生の選抜基準など多岐にわたっている（＊４）。

とりわけ注目されるのは、開成所の開設が当初から英国留学生派遣を視野に入れている点だろう。第十一条で「お遣わしに相成るべき国はまず暎咭唎（イギリス）と存じ奉り候」と主張している。

蘭学者ながら、イギリスこそヨーロッパの最先進国で手本とすべきだと、石河は理解していたのだろう。さらに第十五条では、江戸や長崎での国内留学はもはや無益とまで断じているほどである。

第六条では、開成所の成果を急いではいけない、短くとも七年間の中長期的な見通しが必要だと指摘している。また学生の選抜については、人柄、志、勉学を基準とすべきだと主張し、才子や利口の輩《ともがら》などは不要とまで言い切っているのが面白い。

第十三条では、学生のうち成績優秀者をあげている。最優秀者として高見弥一《たかみやいち》（土佐脱藩士）と吉田清成、次いで、町田猛彦と同申四郎《しんしろう》の町田兄弟（町田久成《ひさすみ》の弟）という具合で、ほかにものちに英国留学生となった東郷愛之進、森有礼《ありのり》、田中静洲（のち朝倉盛明）などを推薦している。

石河の開成所構想は非凡で先見の明があったといえよう。

＊1　「竹下清右衛門日記」嘉永四年『島津斉彬文書』下巻一

＊2　芳即正「石河確太郎と薩摩藩」『尚古集成館紀要』七号、一九九四年

＊3　＊2に同じ

＊4　大久保利謙「幕末の薩摩藩立開成所に関する新史料」『幕末維新の洋学』大久保利謙歴史著作集5　吉川弘文館　一九八六年

石河確太郎と堺紡績所

――紡績業に半生を捧げる

前節で石河確太郎《いしかわかくたろう》（一八二五～九五）が開成所設立に深くかかわっていたことを書いた。今回は石河が後半生を捧げた紡績業への貢献について紹介したい。

石河が紡績事業に目覚めたのは、藩主島津斉彬の内命によるという。斉彬は海外から輸入されて長崎にあった機織《はたお》り機械を購入し、鹿児島郊外田上と日置郡永吉に機械紡績場を造っている。安政二（一八五五）年ころだと思われるが、斉彬は指宿の豪商、浜崎太平次が琉球からもたらした洋糸と一冊の洋書を石河に示し、研究を命じたという（＊1）。

斉彬の死後、石河は藩内で不足する原綿の安定供給のため、原綿が集積する大坂に着目、弟の武二郎を大坂住吉に派遣した。石河はその日記に武二郎の派遣の目的について、「主とする所は、先君順聖院《じゅんしょういん》様（斉彬）の御遺志を継ぎ奉るに在り」と書いている（＊2）。

石河は大和国高取藩の出身だったので、関西の生産地や商圏と薩摩藩の殖産興業を結びつけることを自分の使命だと考えていた節がある。

それを裏付けるように、文久二（一八六二）年十二月、大坂滞在中の石河は藩庁に上申書を提出し、大和郡山に大和産物会所を設置して、藩内の特産物を出荷するよう提案している（＊3）。

石河は藩内の特産物として、牛馬皮、塩魚、藍玉《あいだま》などをあげ、それらの利益は五、六年で十五、六万両ほどになると算定し、桜島近くの神瀬《かんぜ》砲台築造の資金になると強調している（＊4）。時期が薩英戦争の直前だけに、石河は対英開戦を想定した海防の強化策の一環だと考えていたことがわかる。この大和産物会所は紡績所の原料となる木綿の大量購入手段でもあった。同会所はさらに大和交易方へと拡大される。

堺紡績所跡　＝大阪府堺市

慶応元（一八六五）年、石河は英国への使節、留学生派遣でも、英国からの紡績機械の輸入を提言しており、それは翌二年十一月に磯に起工された紡績所として結実した。わが国初の機械紡績工場である。周知のように、磯にある異人館は工場の技術指導にあたった英国人技師たちの宿舎だった。

それと同時に、石河は伊地知壮之丞《そうのじょう》（のち貞馨《さだか》）とともに、同三年二月、泉州堺（現・大阪府堺市）に「泉州堺薩州商社」を設立しようとしていた。これは小松帯刀宛て伊地知書簡に「コンペニー」（カンパニー）とあるように、金五〇〇両を一株として出資する株式会社方式だった（＊5）。

それと関連して、石河は堺・戎島町に同三年八月、堺紡績所の敷地の使用許可を願い出た。そして翌明治元年七月、藩庁から堺紡績所設立掛の内命を受けた（＊6）。同掛を引き受けるにあたり、石河は①紡機《ぼうき》を先にし、織機《しょっき》は後回しにする事、②紡績所の純益を開成所及び諸砲台の完成に注入されたいこと、③紡績所を委任された以上、七年間は転勤させないことを要求した。その三カ条は翌八月、藩庁から認められた。

堺紡績所は明治三（一八七〇）年から本格的に稼働した。斉彬の内命から十五年ほどして、ようやく石河の宿願がかなったのである。

しかし、翌四年には廃藩置県が断行され、鹿児島藩は消滅した。石河と堺紡績所は一転して帰属先を失ったのである。翌五年四月、堺紡績所は明治政府の所有となり、石河も大蔵省勧農寮に出仕、その後も富岡製糸場（近年、世界文化遺産に登録）など各地の紡績所設立を指導して、わが国の近代紡績業の基礎を築いたのである。

＊1　芳即正「石河確太郎と薩摩藩」『尚古集成館紀要』七号、一九九四年

＊2　＊1所収　石河確太郎日誌　安政六年十二月二十一日条
＊3　『玉里島津家史料二』四三三号「大和産物会所ニ関スル石河確太郎工場覚」
＊4　＊3四三四号
＊5　「小松帯刀伝」『小松帯刀伝・薩藩小松帯刀履歴・小松公之記事』鹿児島県史料集二一　鹿児島県立図書館
＊6　絹川太一『本邦綿絲紡績史』第一巻　日本綿業倶楽部　一九三七年

「浄福寺党」と二番遊撃隊

海軍精鋭、隊内で騒動も

司馬遼太郎の初期の短編小説に「薩摩浄福寺党《じょうふくじ》」という作品がある（＊1）。肝付又助という架空の薩摩藩士が主人公になっている。新選組の土方歳三にも喧嘩を売る「ぼっけもん」で、新選組と何度か騒動を起こし、ついには斬られてしまうというストーリーである。

作品名の由来は、又助を含む薩摩藩士二十数人が京都・西陣の浄福寺を居所《きょしょ》とし、「浄福寺党」と呼ばれていたことによる。

司馬のまったくの創作かといえば、そうではない。西陣の浄福寺は実在するし、そこを薩摩藩士たちが一時期居所にしていたのも史実である。

本書戦国・近世編で島津歳久についてよく取り上げてきたが、そのなかで、京都・一条戻橋《もどりばし》に晒《さら》された歳久の首級が葬られたのが浄福寺（現・京都市上京区浄福寺通一条笹屋町）だったことを紹介した。同寺が薩摩藩兵の宿舎になったのは、これが縁になったと思われる。

歳久の菩提寺は心岳寺《しんがくじ》（現・平松神社、鹿児島市吉野町）である。郷中教育で二才《にせ》たちが盛んに心岳寺参りをしたことはよく知られている。その関係から、浄福寺は心岳寺と同様、在京の薩摩藩士にとっては一種の「聖地」だったのではないか。

司馬の作品では触れていないが、浄福寺を居所とした薩摩藩士たちはどのような人々だったのか。

薩摩藩では、慶応二（一八六六）年はじめ、薩長同盟の成立後に軍制改革が行われ、陸軍方と海軍方が設置された。そのうち、海軍方の総責任者が家老の小松帯刀で、蒸気船を多数購入するなど海軍力の充実が図られた。

その一環として、同年五月、鹿児島城下の滑川にある都城島津家の屋敷（面積・五七一四坪）を接収して海軍所が設けられた。東郷平八郎の後世の回想によれば、東郷は兄の小倉壮九郎、弟の東郷四郎左衛門とともに第一期生として入隊した。英式の銃隊訓練が主で、海上の訓練はほとんどなかったという（＊2）。

浄福寺の柱に残る刀傷
＝京都市上京区

そのため、海軍所では即戦力として陸戦隊ともいうべき遊撃隊が編成された。同隊は一番から三番まであり、東郷は一番遊撃隊に属して同二年十月ごろに上京したという。

浄福寺

このうち、浄福寺を宿舎としたのは二番遊撃隊だった。大山巌の伝記によれば、慶応二年、大迫喜右衛門（貞清、のち警視総監、鹿児島県知事）が隊長となって上京、禁闕《きんけつ》の警衛に任じて二本松藩邸に在ったが、のち浄福寺に移転したので、これを浄福寺隊とも称したという（＊3）。

また、当時の京都留守居役だった新納嘉藤二《にいろかとうじ》の日記にも興味深い一節がある（＊4）。

「先日、備後《びんご》殿が砲術をご覧のとき、浄福寺組に物議が起こり、不揃いの話を語った」

備後殿は島津久光の三男珍彦《うずひこ》である。その閲兵の場で二番遊撃隊に何か問題が起きて話題になったという。詳細は不明だが、隊士同士の喧嘩でもあったのではないだろうか。

大山や新納によれば、同隊は浄福寺隊とか浄福寺組と呼ばれていたことがわかる。隊士には樺山資紀《かばやますけのり》、川村景明、山沢静吾、廻新次郎、山野田一輔《やまのだいっぽ》、河野主一郎《かわのしゅいちろう》、西郷小兵衛（隆盛の末弟）など血の気の多い猛者がそろっていた。そのせいだろう、同寺の庫裏《くり》の門柱にはいまも彼らの暴れぶりを示す刀傷が多数残っている（写真参照）。

二番遊撃隊は太宰府にいた三条実美《さんじょうさねとみ》以下五卿の上京護衛にあたり、鳥羽伏見の戦いでは浄福寺から出陣、淀川沿いで多数の死傷者を出しながらも奮戦した。その後も北越に向かい、長岡、米沢、庄内へと転戦するなど、陸上戦闘に長けた海軍の精鋭だったのである（＊5）。

＊1　司馬遼太郎『薩摩浄福寺党』講談社　一九六六年
＊2　『薩藩海軍史』中　第五篇　公爵島津家編纂所編　原書房
＊3　『元帥公爵大山巌』大山元帥伝刊行会　一九三五年
＊4　『新納立夫日記』慶応三年十一月六日条　東京大学史料編纂所架蔵影写本
＊5　『薩藩出軍戦状一』慶応出軍戦状本府四　日本史籍協会編　東京大学出版会

町田兄弟の猛彦・申四郎のその後
――英国留学の明暗と不遇

慶応元（一八六五）年の薩摩藩英国留学生派遣から一五〇年余りになる。留学生のなかに、学頭である大目付の町田民部久成《ひさすみ》をはじめとした町田家の三兄弟も含まれていた。嫡男久成（二十七歳）、四男申四郎（十八歳）、五男清次郎（十四歳）である。じつは当初、町田兄弟からはもう一人、猛彦も加わっていた。猛彦は三男だとされる。「鹿児島城下小番新番以上士家子弟氏名年齢書」に久成の三弟大介（十八歳）、四弟申四郎（十五歳）、五弟清四郎（清次郎、十三歳）と記されている。大介がおそらく猛彦のことだろうか（＊1）。

猛彦、申四郎の兄弟は藩営洋学校の開成所にも入所していた。その教授である石河確太郎が大久保一蔵にあてた書簡で、同所の成績優秀者を列挙しており、兄弟は三番、四番めに記載され、「右は篤志勉強仕《つかまつ》り、性質も浮薄ならず候」と高く評価されていた（＊2）。

ところが、串木野の羽島で船待ちをしていた二カ月ほどの間に猛彦は病を得てしまい、渡航断念のやむなきに至った。弟清次郎の回想にも「民部三弟は羽島と云ふ所にて罹病し、渡英を免ぜらる」とある（＊3）。また島津久光の側役、蓑田伝兵衛が大久保一蔵（のち利通）

にあてた書簡（二月十四日付）に次のように書いている（＊4）。

「町田猛彦殿、去る十七日ごろより病気で、とても遠航できる状態ではなく、（鹿児島に）お帰りになられ、渡航断念となりました。まことに残念です」

猛彦については羽島滞在中の変死説もあったが、病気のため渡航できなかったことがわかる。じつは、その後も猛彦が健在だったことがわかる史料がある。長崎語学伝習所の「英学生入門點名《てんめい》簿《ぼ》」（＊5）のなかに、渡航断念から一年後の慶応二（一八六六）年正月以降の入塾者として「薩州　町田猛彦」とある。猛彦はなお英学への志望を捨てていなかったことがわかる。

小松右近こと町田棟（右）と妻八重の墓
＝宮崎市龍福寺跡

一方、英国に渡航した申四郎《しんしろう》は主に海軍機械について学び、翌二年七月に帰国した。一年ほどの滞在だった。

翌三年一月、申四郎は家老小松帯刀の養子となり、小松右近と名乗る。町田兄弟の生母は帯刀の妻、お近の姉だから、帯刀は申四郎の義理の叔父にあたる。

留学経験を活かして英学で身を立てようとする申四郎に、帯刀は「通弁（通訳）の仕事も和漢の学を根軸《こんじく》に立てないと詮ない」と教え諭している（＊6）。

しかし、帯刀には京都妻、お琴との間に安千代（のち清直）が二年前に生まれていた。明治三（一八七〇）年七月、帯刀が他界するとき、遺言書で、賞典禄《しょうてんろく》一〇〇〇石のうち、八〇〇石を安千代に与え、新たに小松家を立てるよう言い残した（＊7）。

これに、かつての同僚だった桂久武や吉井幸輔などが反対し、申四郎を跡継ぎとして届け出た（＊8）。しかし、申四郎としては思うことがあったのだろう。同五年、家督を安千代に譲って小松家を辞し、町田棟《むなき》と名乗りを変えた（＊9）。

その後、西南戦争に西郷軍として従軍し、降伏して明治十（一八七七）年十月十日、免罪の判決を受けている（＊10）。そして、宮崎で生涯を終えている。

猛彦も申四郎も明治期の足跡はあまりよくわからず、政治家、官僚、軍人、実業家などになった他の留学生とくらべると、不遇な生涯を送ったのかもしれない。

＊1　『玉里島津家史料九』二九八二号「鹿児島城下小番新番以上士家子弟氏名年齢書」

＊2　大久保利謙「幕末の薩摩藩立開成所に関する新史料」『幕末維新の洋学』大久保利謙歴史著作集5　吉川

弘文館　一九八六年

＊3　「財部実行回顧談」（慶応元年～同四年記事）『新修 森有禮全集』第四巻　上沼八郎・犬塚孝明編　文泉堂書店

＊4　『忠義公史料四』三八〇号

＊5　長崎歴史文化博物館所蔵

＊6　『大久保利通関係文書三』小松帯刀一五二号　立教大学日本史研究会編　吉川弘文館

＊7　「薩藩小松帯刀履歴」『小松帯刀伝・薩藩小松帯刀履歴・小松公之記事』鹿児島県史料集二一　鹿児島県立図書館

＊8　『桂久武書翰』二〇号　鹿児島県史料刊行会

＊9　「新編禰寝氏正統系図十」『近世・禰寝文書』村山知一編　文昌堂

＊10　『西南戦争免罪・無罪人名簿』鹿児島県立図書館蔵（友野春久氏よりご教示）

禁門の変で長州方に属した薩摩脱藩士

――山陰道を敗走中、討死

禁門の変（甲子戦争《かっし》）は幕末史上の大事件のひとつである。

元治元（一八六四）年七月、上京した長州藩兵約一五〇〇人は攘夷国是確定の嘆願、藩主毛利父子の雪冤《せつえん》、三条実美《さねとみ》ら五卿の冤罪免訴などを掲げた。長州藩は一年前の八・一八政変により京都から追放されていたことから、失地回復をめざしていた。

しかし、交渉は決裂し、十九日、戦端が開かれた。禁裏御所に西と南から攻め寄せた長州藩兵は御所内に突入する勢いを示したが、薩摩藩や会津藩などの反撃によって撃退され、多数の死傷者を出して敗走した。

このとき従軍した長州軍のなかには、藩士だけでなく、多数の浪士たちが加わっていた。土佐脱藩士の中岡慎太郎、土方楠左衛門（のち久元）、池内蔵太《くらた》（のち亀山社中）などが知られている。

じつは、長州軍に薩摩藩の脱藩士が少なくとも二人含まれていたことはほとんど知られていないだろう。いうまでもなく、当時、小松帯刀と西郷吉之助などが率いた薩摩藩兵は長州藩兵を迎え撃つ朝廷方の主力だったから、敵方に薩摩の脱藩士がいたのは意外というほかない。

京都市西郊の樫原《かたぎはら》（山陰道の旧宿場）にその墓があるというので探してみた。山陰道と物集女《もずめ》街道が交わる一帯の竹藪で、ようやく三基の供養墓が並んでいるのを見つけた。

墓標には、左から「長州 楳本僊之助《うめもとせんのすけ》」、「薩州 相良《さがら》新八郎」、「薩州 相良頼元」と刻んである。側面には「元治元年七月十九日戦死」とあった。まさしく禁門の変の当日である。

相良新八郎、同頼元らの墓所
＝京都市西京区樫原

薩摩出身の相良名字二人は兄弟だという。当時の長州藩に身を投じたのだから、相良兄弟は熱烈な攘夷派だったのだろう。彼らの出身地、身分、家格その他の履歴などを少し調べてみたが、よくわからなかった。

わずかに「幕末維新全殉難者名鑑」（Ⅰ）に記載があった。そのうち、相良頼元の項には「相良頼元　薩摩藩士。脱藩して宇都宮藩に走り、のち長州軍に参加、元治元年七月十九日洛西樫原で小浜藩兵と戦い死す。現地に墓。靖国」とある（＊1）。

相良兄弟は脱藩したのち、宇都宮藩士と称して長州藩に身を投じたのかもしれない。なお、長州藩の楪本僊之助（仙之助とも、実名は直政）は同藩諸隊のひとつ、集義隊の旗手をつとめたという。やはり相良兄弟とともに小浜藩兵と戦い、戦死している（＊2）。集義隊は文久三（一八六三）年十月、周防小郡《すおうおごおり》で組織され、桜井慎平が隊長で五〇人の隊士がいたという（＊3）。

気になるのは小浜藩である。同藩は譜代大藩（一〇万石）の酒井家。このとき、幕府の命で樫原に陣所を置いて警衛の任についていた。その史料にわずかに記事があった（＊4）。「（七月）十九日暁、お達しにより樫原へ押し出していた。（この方面では）戦争はなかったけれども、長州人の落武者だろうか、陣所へ向かって来る者五人を討ち取り、一人を捕らえた。当方には死傷はなかった」。

この五人の戦死者のなかに相良兄弟と楪本が含まれていたと思われる。

薩摩藩では他藩とくらべて、藩の統制が厳しく脱藩者は少なかった。そんななか、敵対する長州藩に身を投じた二人の心境はどのようなものだったのだろうか。

＊1　『幕末維新全殉難者名鑑』（Ⅰ）　明田鉄男編　新人物往来社　一九八六年
＊2　＊1に同じ／『修補 殉難録稿』　宮内省編　マツノ書店覆刻
＊3　末松謙澄『修訂防長回天史五』第六章　マツノ書店覆刻
＊4　『小浜市史』藩政史料編三　一六一三号　小浜市史編纂委員会編　小浜市役所

丸田南里と勝手世運動（上）

――砂糖の自由売買を要求

藩政時代、奄美諸島の島民たちは黒糖の専売制を強いられて大きな苦難を味わったことはよく知られている。

では、明治維新になって、そうした苦難から解放されたのかといえば、決してそうではなかった。

廃藩置県後の明治五（一八七二）年、鹿児島県庁は奄美諸島の砂糖について、島民が商取引に不慣れなことなどを理由に、自由売買は時期尚早だとして大蔵省に専売の許可を願い出た。

これに対して、同年夏、大島与人《よひと》（島出身者の役人）の太三和良や基俊良らが県庁に出向いて交渉した。県は民間の国産会社との間に専売契約を結ばせようとしたが、島方がそれを認めなかったので、県が折れて砂糖の「勝手売買」を許可した。

大蔵省もまた翌六年三月、奄美諸島に対して貢租《こうそ》は砂糖の現物納とし、残りの砂糖は勝手売買することを認めて、そのことを鹿児島県を含む全国に通達し、県外商人に砂糖取引への参入を許可した。

しかし、これに危機感をもったのが鹿児島士族や商人たちだった。士族の各種特権が奪われるなか、奄美諸島の砂糖権益が減ることを恐れて、彼らは前年に大島商社を設立した。彼らを後押しする県令で鹿児島士族出身の大山綱良率いる県庁は県外商人が参入してくる前に先手を打った。すなわち、奄美の戸長（与人改め）たちを取り込み、大島商社との間に専売契約を結ばせたのである（＊1）。

奄美大島のサトウキビ栽培　＝奄美市笠利町

これは事実上の専売制の復活だった。砂糖は同商社が独占購入し、一方で、島民への対価は米や茶、その他日用品を同商社のみを通じて割高で販売するという、藩政時代の不等価交換が再現された。

たとえば、明治八（一八七五）年の大阪相場とくらべると、黒糖は大阪相場の五割程度の価格しか島民は受け取れず、逆に日用品である茶や煙草は大阪相場の四倍以上の値段で買わされていたという（＊2）。

島民たちが県庁や大島商社のやり方に抵抗し始める

なか、同八年初めに登場したのが丸田南里《なんり》（一八五一〜八六）である。

南里は名瀬金久村の生まれ（戸籍上は伊津部村）。母も最初の妻も龍郷の田畑家一族であることから、丸田家もそれに相応する家柄だったのではないかと思われる。

南里の主張は明快だった。

「人民が作る所の物産はその好む所に売り、また人民が要する品物はその欲する所に購入すべきは、これ自然の条理なり。なんぞ鹿児島商人一手の下に束縛を受くるの理あらんや。速やかにこれを解除し、勝手商売を行うべし」（＊3）。

そして、南里は島民たちに自由売買した場合の収支計算をして、自分たちに利潤がもたらされることを数字で示してみせた。

南里の経歴については不明な点が多い。英国商人グラバーに頼み込んで欧州に渡ったとか、英国留学生に同行して洋行したといわれるが不明である。ただ、自由と民権思想を理解していた意志強固な人物だったことは間違いないという（＊4）。

南里の指導下に組織された奄美島民たちは各地で一斉に自由売買の歎願書を提出した。さらに島民に重くのしかかっていた島役人の人員と経費の削減など旧習打破を訴えた。二十代半ばの青年指導者の登場は奄美を大きく変えようとしていた。

＊1　『大和村誌』弾四編第四章　砂糖自由売買運動と三方法運動（弓削政己氏執筆分）　大和村誌編纂委員会編　大和村

＊2　弓削政己「明治前期黒糖自由売買運動（勝手世運動）の顕彰」『奄美群島の経済社会の変容　鹿児島県立短期大学地域研究所叢書』　鹿児島県立短期大学地域研究所　一九九九年

＊3　「大島郡ノ来歴」『改訂名瀬市誌』1巻・歴史編　第五章　近代　改訂名瀬市誌編纂委員会編　名瀬市役所

＊4　＊2に同じ

丸田南里と勝手世運動（下）

——陳情団、西南戦争で苦難

明治維新後も奄美諸島では大島商社による専売制が維持されていた。そこへ丸田南里を指導者とする砂糖の自由売買運動がわき起こってきた。「勝手世《かってゆ》運動」という。「勝手世」とは自由な社会を意味する。

丸田は島民たちの結束と統一行動が重要だと考え、明治八（一八七五）年夏から県の大島支庁に対して、各地から砂糖の自由売買を要求する嘆願を行うとともに、大島商社の解体を訴えた。翌九年三月、大山県政は若干の譲歩を伴う「出産糖商法規則之伺」という島民と大島商社の新たな契約を提案した（＊1）。

しかし、島民は納得せず、四月、丸田が水間良実《みずまよしざね》、南喜祖賀《みなみきそか》とともに島民代表として上鹿した。その結果、丸田らの歎願書は受理され、県は裁判所官員二名を大島実情調査団として奄美に派遣した。ただ、大島支庁の頭越しに県庁に訴えた越訴《おっそ》の罪で、丸田たちは体刑と棒打ちの刑となり、交代で棒打ちされる拷問を受けたという（＊2）。

奄美の各地では島民たちが実情調査団の二人に大島商社の解体と翌十年からの勝手交易

を訴えた。二人は島民の熱気に押されて勝手交易を認めるような口ぶりだったため、危機感をもった大島商社が県庁に訴え、県庁の役人が来島して火消しに回った。

これではらちがあかないとみて、いよいよ本格的な陳情団が結成されるのである。翌十年二月七日、第一次陳情団として、名瀬方《なぜほう》、龍郷方《たつごう》、赤木名方《あかぎな》、笠利方、瀬名方、渡連方《どれん》合わせて四一名が太平丸で、さらに二十二日には第二陣の一四名が大有丸で鹿児島に向かった。

丸田南里の墓　＝奄美市名瀬

しかし、陳情団は折から勃発した西南戦争に巻き込まれて死者まで出す不運に見舞われる。彼らは非常時という理由で嘆願さえも許されないままに五五名全員が郡元の牢獄に投獄されたのである。

そのうち、一五名が首魁として拘留され、残りの四〇名は奄美に送還ということになったが、三月七日、出港直前に出船が差し止められ、再び入牢となった。そして西郷軍から従軍すれば赦免されるといわれ、二十五日、三五名がしかたなく従軍を承諾した（＊3）。彼らは四月十七日、八代桜馬場で戦い、六名が戦死したという（＊4）。

さらに悲劇がつづいた。四月二十七日、鹿児島に政府軍が上陸し、新たに岩村通俊が県令として赴任した。投獄されていた二〇名は釈放されて無事帰島することができた。従軍して生き残った二八名（ほか一人は行方不明）もようやく放免されたが、その大半が乗り込んだ青竜丸は帰島途中の五月二十日、十島沖で難破して全員が帰らぬ人となったのである。陳情団は二重三重に不運に見舞われた。その不幸には深い同情を覚える。

一方、丸田は一年前の拷問の後遺症が癒えないため、陳情団に加わらず名瀬に残っていたが、陳情団を組織した首謀者として、再び投獄されてしまう。しかし、西南戦争の終結により事態は好転した。翌十一年四月、奄美諸島を巡回した岩村県令が大島商社の一手販売を廃止を決定したのを手始めに同年中に大島商社も解体されることになり、「勝手世運動」は一応の勝利を収めた（＊5）。

その後、丸田は奄美人初の砂糖商に転身したが成功せずに上京した。その後の消息はよくわからないが、一説には日本初の輪転機を使っての印刷業に乗り出したともいう。だが、仕事が軌道に乗り出した明治十九（一八八六）年四月十九日、三十六歳の短いながらも波瀾に満ちた生涯を閉じた（＊6）。死因は癌とも急性心不全ともいわれる。

＊1　『大和村誌』弾四編第四章　砂糖自由売買運動と三方法運動（弓削政己氏執筆分）大和村誌編纂委員会編
大和村／『改訂名瀬市誌』1巻・歴史編　第五章　近代
改訂名瀬市誌編纂委員会編　名瀬市役所
＊2　林蘇喜男『史伝丸田南里』大島新聞社　一九九四年
＊3　＊1『改訂名瀬市誌』
＊4　山田尚二「奄美と西南戦争」『敬天愛人』十一号　一九九三年
＊5　＊1に同じ
＊6　原井一郎『苦い砂糖―丸田南里と奄美自由解放運動―』高城書房　二〇〇五年

世界的な化学者 丹下ウメ（上）

――失明にめげず、大学めざす

鹿児島市金生町の界隈に胸像と石碑がある。胸像は山形屋デパート横のアーケード街入口にあり、石碑（案内板も含む）は道路を挟んだ反対側にある。

丹下ウメ（一八七三〜一八五五）の胸像と誕生地のことである。彼女はわが国の女性として、初めて帝国大学に入学し、理学と農学の博士号を得、栄養学や生物化学の分野で世界的な功績を残した科学者である。

男尊女卑の封建的気風が強く、女性の社会進出の機会が少なかった当時、とくにその傾向が強かった鹿児島で生涯を学問研究に捧げた、知的で向学心旺盛な女性がいたことはもっと知られてよいと思う。

彼女のひたむきな生涯を、『白梅のように』、『薩摩おごじょ』などから紹介してみたい（＊1）。

ウメは明治六（一八七三）年、鹿児島城下金生町の富裕な商家に八人兄妹の七番目（三女）として生まれた。戸籍名は「ムメ」だという。父は製糖業や塩業を営む一方、鹿児島市の初代収入役をつとめた。

悲劇はウメが三歳のときに突然起きた。祇園祭の日、ままごとに熱中していたウメは、「御輿が来た」という声に駆け出したが、滑って転んでしまう。その拍子に手にもっていたままごとの竹箸で右目を突き刺してしまった。姉のハナの大声に気づいた母エダが急ぎ応急処置して病院に駆け込んだが、ウメの右目は光が戻らず、失明してしまったのである。

丹下家は教育熱心な家だった。ウメの兄たちは東京帝国大学をはじめ、すべて高学歴であり、一歳上の姉ハナも優秀で、両親はわざわざ上京させて、東京女子高等師範学校（小学師範科）に入学させている。

丹下ウメ誕生地の石碑
＝鹿児島市金生町

少女時代のウメは女の子らしい遊びはせずに、木の皮を煎じて薬のようなものを作ったり、草の葉や木の実などから赤や青の色素を取り出したりして遊んでいたという。化学者の資質の片鱗だったのかもしれない。

そして、ウメはわずか十一歳で年長者を押しのけて師範学校にトップ合格した。姉ハナは目にハンデを負ったウメを助けると誓い、ずっと勉強を見てくれた成果でもあった。

明治二十四（一八九一）年、ウメは師範学校を首席で卒業し、地元の名山小学校に奉職した。その後、鹿児島市立技芸学校も含めて十年間、教職を勤めた。

しかし、ウメは勉学心、向上心を押さえきれず、もっと上級の学校をめざしたいと心に秘めていた。ところが、そのころ、実家の事業が傾いて資産を失い、広大な土地や家屋も手放さなければならなくなっていた。

すでに学問で身を立てようと決意していたウメは前途がふさがれる思いを抱いていた。そこへ幸運が訪れた。

母方の親戚である前田正名《まさな》（一八五〇〜一九二一）が久しぶりに帰鹿したのである。前田は優秀な農務官僚ながら、「布衣《ほい》の農相」とも呼ばれ、地方産業の育成、とくに農業振興に力を尽くした人物である。

ウメは母に伴われて前田を訪ねて、自分の将来について相談した。前田は親切に応対し、すぐさまウメの勤務先などを調べて、その非凡な学歴と向学心を知ると、東京で女性の地位向上をめざして女子大を創設しようとしている成瀬仁蔵《なるせじんぞう》を紹介するとともに、学費と生活費の面倒もみてやることを約束した。ウメは飛び上がらんばかりに喜んだ。

それからほどなくして、ウメに前田から手紙が来て、成瀬が創設した日本女子大学への入学許可を知らされたのである。

＊1　蟻川芳子・宮崎あかめ『白梅のように―化学者丹下ウメの軌跡―』化学工業日報社　二〇一一年／吉井和子『薩摩おごじょ』かごしま文庫⑦　春苑堂出版　一九九三年

世界的な化学者　丹下ウメ（下）

海外留学で理学博士号

前頁の著書二点を参考にしながら、上京から晩年までをたどってみたい（＊1）。丹下ウメ（一八七三〜一九五五）は住み慣れた鹿児島から上京し、東京・目白台の日本女子大学に入学した。ときに明治三十四（一九〇一）年。ウメ、二十八歳だった。

同大学はこの年四月に開校したばかりで、ウメは家政学部に入った。さっそくウメは大学の創立者で校長でもある成瀬仁蔵から寮監を命じられる。前田正名と相談したうえでの学費軽減措置だったという。

ここで、ウメは運命的な出会いをする。応用化学の教授、長井長義である。長井は薬化学の第一人者で、東京帝国大学の教授のかたわら、日本女子大学でも教鞭をとっていた。長井は難しい応用化学をわかりやすく講義してくれ、化学の実験で学生たちを驚かせた。

ウメは化学の面白さに夢中になった。とくに実験が得意で、実験器具や薬品の扱いに手慣れていて、その能力は学生たちのなかでずば抜けていた。そして授業が終わると、ウメは長井を質問攻めにした。

明治三十七（一九〇四）年、同大学を首席で卒業したウメは長井の助手となるかたわら、文部省の中等化学教員検定試験に女性として初めて合格した。

ウメの向学心はやむところを知らなかった。しかし、当時の帝国大学は旧制高等学校の卒業生しか受験資格がなく、事実上、女性には門戸が閉じられていた。そのなかで東北帝国大学だけが受験資格を緩めて、ウメのような中等教員検定試験合格者にも門戸を開いたのである。

農学博士の学位を授与された丹下ウメ（右）
＝日本女子大学成瀬記念館所蔵

大正二（一九一三）年、ウメは東北帝大を受験した。その理科大学にウメとともに黒田チカ、牧田らくの三人の女性が合格した。この三人こそ、帝国大学に初めて入学したわが国の女性たちである。

ここでも、ウメの実力は男子学生より抜きん出ており、実験では主任教授の助手となり、あらゆる課目で成績優秀だったため、特待生となった。

丹下ウメ胸像
＝鹿児島市金生町

ウメは学問研究に没頭して、生涯独身を通したが、学生時代に淡い恋もあったという。彼はウメと並ぶ成績優秀な同級生で、互いに好意を抱いており、二人で松島観光にも出かけたという。しかし、彼は悪性の肺炎にかかり、若くして病死してしまったので、死別、悲恋に終わった。

ウメは東北帝大をまた首席で卒業すると、大学院に進み、指導教授の真島《まじま》利行《りこう》博士の下、柿渋の研究をした。

ウメの専門は有機化学と生物化学だったが、その応用として栄養学の研究に取り組みたいと考え、そのためには海外で学ぶべきだと思い立った。また前田正名に頼み込んで、海外留学を実現させた。

アメリカ西海岸のスタンフォード大学に入学したのは大正十（一九二一）年のこと。その後もコロンビア大学を経て、ジョンズ・ホプキンス大学で学び、同大学で「ステロール類のアロファン酸エステルの合成と性質」と題した学位論文により、昭和二（一九二七）年、理学博士の学位を授与された。

帰国後、母校の日本女子大学で生物化学の教授に就任し、同時に理化学研究所で鈴木梅太郎博士の下、ビタミンB2複合体の研究を行い、農学博士号も授与された。

ウメが世界に発表した論文は約三十点に及び、その化学への貢献は高く評価された。ウメは晩年、後輩の研究者のために私財を投じて「化学奨励金」の基金に充てた。ウメの死後、愛弟子の辻キヨが「丹下記念奨学金」を創設し、いまも研究者育成に役立っている。

＊1　蟻川芳子・宮崎あかめ『白梅のように―化学者丹下ウメの軌跡―』化学工業日報社　二〇一一年／吉井和子『薩摩おごじょ』かごしま文庫⑦　春苑堂出版　一九九三年

第五章　藩外人と薩摩藩

赤松小三郎と薩摩藩（上）

――新発見の建白書の意味

幕末の信州上田藩に赤松小三郎（一八三一～六七）という下級藩士がいた。江戸で佐久間象山や勝海舟に師事して蘭学を学び、長崎海軍伝習所で兵学や航海術なども学んだ。当時最先端の兵学者、英学者の一人だった。

薩摩藩はその実績を買い、慶応三（一八六七）年、赤松に依頼して「重訂英国歩兵練法」を翻訳､出版している。これを手本に薩摩藩は軍制を英国式に切り替えて近代化を図った。この軍制転換が戊辰戦争の勝利に貢献したことも知られている。

赤松の最大の業績として語られるのは、同年五月、越前藩や薩摩藩に提出した建白書である。それは七カ条から成り、とくに第一条が「天幕《てんばく》御合体」（公武合体）、「諸藩一和」（諸藩提携）のための「御国体」（新しい国の体制）として、「議政局」（上下二局）の設立を提唱した。これがわが国の近代的な議会制を初めて提唱した国家構想として評価されている（＊1）。

この赤松建白書は同時代の一次史料としては、これまで三点知られていた。内容は同じである。

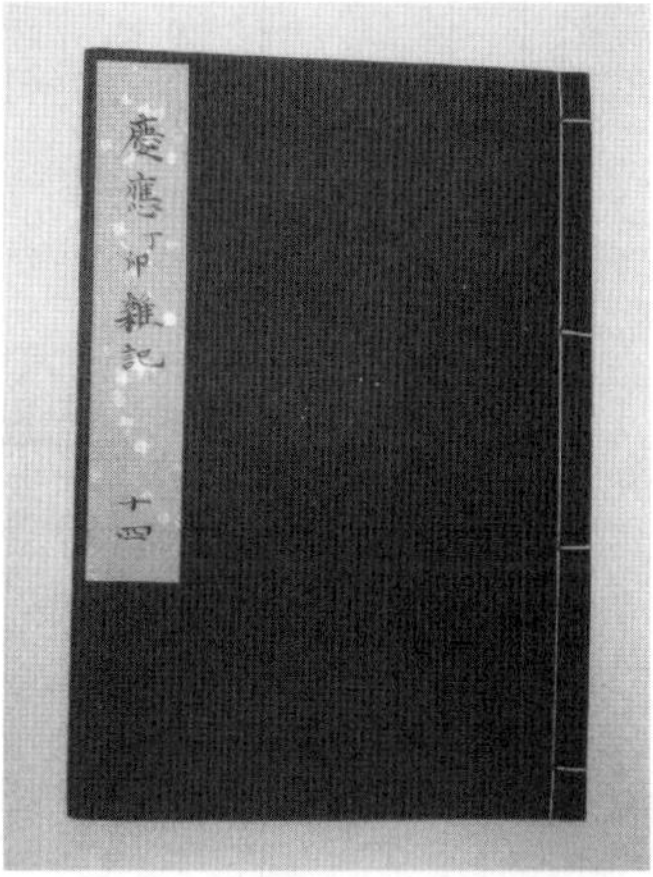

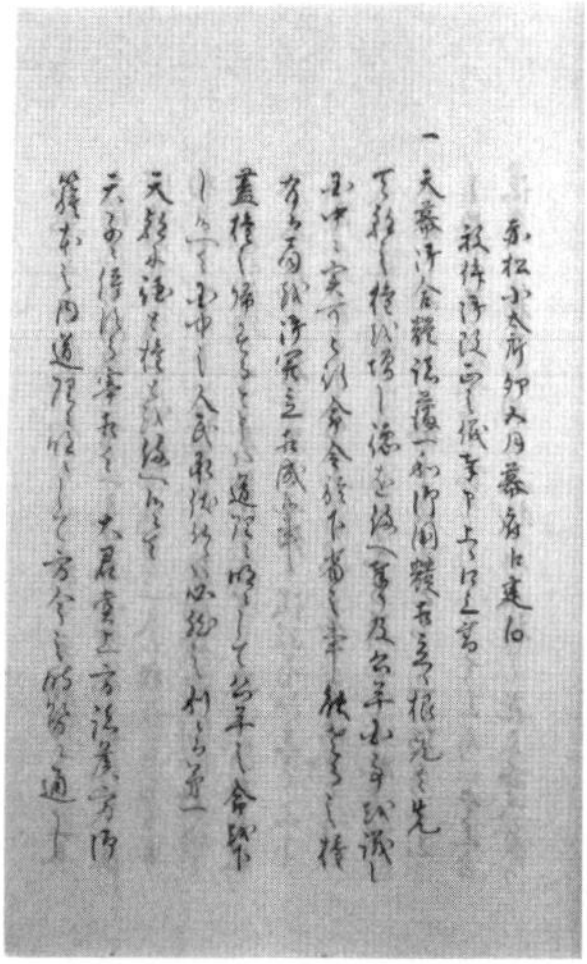

「慶応丁卯雑記」表紙（左）と赤松小三郎の建白書写し（冒頭部分）
＝もりおか歴史文化館収蔵

①越前藩（＊2）
②薩摩藩（＊3）
③薩摩藩（＊4）

なぜ薩摩藩に二点伝来しているかといえば、③が島津久光の手文庫に所蔵されていた赤松自筆のものであり、②は①越前藩に届けられたものの写しだとされている（＊5）。だが、その写し方を見ると、③から写し取ったものだと思われる。

このうち赤松の自筆は③のみで、残りは写しである。したがって、③がもっとも重要な基本史料である。

ところで、赤松建白書がなぜ越前と薩摩の二藩だけに伝来したのかはあまり検討されていなかった。

今回、筆者は第三（四点目）の赤松建白書

を意外な所から見出した。それは盛岡藩の京都藩邸公用日記『慶応丁卯雑記《けいおうていぼうざっき》』に写し取られていた（＊6）。丁卯は慶応三年の干支《えと》。その十一月二十六日あたりに書写されており、赤松の提出から半年後である。

内容は右の三者と当然同じだが、注目すべきは記主による冒頭の見出しである。

「赤松小太郎、卯五月幕府え建白」

小太郎は小三郎の誤記だが、幕府へ建白したとあるのが重要である。盛岡藩は幕府筋のどこからか赤松建白書の存在を知り、書き写したのだろう。この発見により、赤松建白書は越前、薩摩の二藩だけでなく、幕府へも提出されていたことが明らかになった。

提出時期をもう少し絞り込むと、越前藩前藩主、松平春嶽《しゅんがく》の日記「京華日録《けいか》」によれば、赤松が五月十七日に「書付」を差し出したとある（＊7）。薩摩藩や幕府宛てもその前後だろう。

この時期、薩摩藩（久光）の呼びかけで、越前藩（春嶽）、土佐藩（山内容堂）、宇和島藩（伊達宗城《むねなり》）の四侯が京都に集結し、いわゆる四侯会議で結束を確認している。その内容は、①長州寛典《かんてん》（長州藩の名誉回復と中央政界への復帰）をまず行い、しかるのちに、②期限の迫った兵庫開港を実施するというもの。

四侯は五月二十一日、二条城で将軍徳川慶喜と会見した（容堂は病欠）。それを受けて、慶喜は翌二十二日に参内している。

赤松が建白書を提出したのはその直前である。赤松は四侯や慶喜の動向から、「天幕御合体」や「諸藩一和」が実現する好機と見たのではないだろうか。

＊1　『玉里島津家史料五』一六五八号「松平伊賀守内赤松小三郎建言」
＊2　『続再夢紀事六』慶応三年五月十七日条　講釈松平家蔵版
＊3　『忠義公史料四』四二六号「雇教師赤松小三郎建言［松平慶永宛］」
＊4　＊1に同じ
＊5　②の史料名（＊3）は「雇教師赤松小三郎建言［松平慶永宛］」とあるが、これは編者が付したものと思われ、＊2からの転載あるいは書写ではなく、島津久光の手文庫にあった赤松の自筆建白書（＊1）を書写したものと考える。
＊6　『慶応丁卯雑記』もりおか歴史文化館収蔵
＊7　『福井市史』資料編5・近世三（福井市）「日記」慶応三年五月十八日条に「昨日（十七日）赤松小三郎罷出所存之書付差出」とある。

赤松小三郎と薩摩藩（中）

「幕薩一和」論の陥穽

　慶応三（一八六七）年五月、信州上田藩士の赤松小三郎は幕府や薩摩、越前の両藩に建白書を提出した。それは折から四侯《しこう》（島津久光、松平春嶽《しゅんがく》、山内容堂、伊達宗城《むねなり》）が将軍徳川慶喜と二条城で会見するタイミングを見計らったものだった。

　赤松は朝廷、幕府、雄藩の三者がそれまでの不信や対立を乗り越えて協調、融和することによって、持論である「天幕御合体」と「諸藩一和」が実現し、新たな国制（二院制の議会制度をもつ）の樹立に近づくことを期待したのだろう（＊1）。

　しかし、赤松は当時の京都政局の厳しさを知らなかったのではないか。四侯と将軍慶喜の関係は赤松の予想を超えて悪化していたのである。四侯側は慶喜の背信のせいで信頼関係が崩壊したととらえた。

　四侯の一人、伊達宗城の日記によれば、五月二十一日の二条城での会見で、四侯が①長州寛典（長州への寛大な処分と藩主毛利父子の地位保全など）を実現したのち、②兵庫開港を幕府ではなく、朝廷の名において実施すべきであると要求したところ、慶喜は同意したという（＊2）。

ところが、それを受けて参内した慶喜は徹夜で粘り、朝廷から勅許を得たが、それは四侯の要求を骨抜きにするものだった。兵庫開港を先にし、長州寛典は付け足しの言葉だけで具体策がなかったのである（＊3）。

慶喜の豹変にもっとも怒ったのは島津久光である。勅許が下った直後、久光は京都に潜伏していた長州藩士の山県狂介（のち有朋）と品川弥二郎を引見し、「（四侯の）建言も採用されず、幕府の反正《はんせい》のメドもたたないので一層尽力する覚悟だ」と伝えた。「反正」とは正しきに反《かえ》ると意味で、この場合、慶喜が幕府の失政を反省して雄藩と協力することだった。公議政体の具体化ともいえる。それを受けて、家老の小松帯刀がさらに具体的に「幕府の譎詐奸謀《けっさかんぼう》には尋常の尽力ではとても挽回できない」と述べて、もはや言論ではらちがあかないとして武力行使方針さえ示唆したのである（＊4）。

軍装姿の赤松小三郎
＝上田市立博物館提供

このように、将軍慶喜と四侯（とくに久光）は決裂していたのである。

赤松もほどなく、建白書の趣旨を実現できない厳しい現状を悟ったようである。国許の兄、芦田柔太郎へあてた書簡（八月十七日付）では、「天幕一和を得ず、幕と数大藩不和、政道無算」と嘆くほどだった（＊5）。

しかし、赤松はそれにもめげず、幕府と薩摩藩の協調を図る「幕薩一和《ばくさついちわ》」のために奔走していることを兄に伝えている（＊6）。

「この節、小生は幕薩一和の端緒を開くために、薩摩の西郷吉之助と談合し、幕府のほうには会津藩公用人が談合し始めています。小生は梅沢孫太郎（慶喜側近）や永井尚志《なおゆき》（若年寄格）へ説いており、少しは実現する見込みがあります」

だが、この書簡と同時期に薩摩藩は赤松の期待と正反対の方針を決定していた。それは「三都同時挙兵計画」である。三都とは京都、大坂、江戸のこと。まず京都藩邸詰めの藩士一〇〇〇名を三手に分け、一手は禁裏御所を守衛し、一手は会津藩邸を急襲し、残る一手は幕府の屯所を焼き払う。また国許から上らせた藩兵三〇〇〇名が大坂城を攻撃する。江戸方面でも一〇〇〇名が甲府城に立てこもって幕兵を牽制するという大胆な武力方針だったのである（＊7）。

赤松が期待した「幕薩一和」はすでに画餅に帰しており、京都政局は幕薩の武力対決へと突き進んでいた。

＊1　『玉里島津家史料五』一六五八号「松平伊賀守内赤松小三郎建言」
＊2　『伊達宗城在京日記』日本史籍協会編　東京大学出版会
＊3　『徳川慶喜公伝・史料篇三』六七四号　日本史籍協会編　東京大学出版会
＊4　末松謙澄『修訂防長回天史九』マツノ書店覆刻
＊5　図録『赤松小三郎　松平忠厚』所収　芦田柔太郎宛赤松小三郎書簡（慶応三年八月十七日付）上田市博物館　二〇〇〇年
＊6　＊5に同じ
＊7　「柏村日記」『山口県史　史料編』幕末維新4　山口県

赤松小三郎と薩摩藩（下）

――猜疑を受け、白昼暗殺

信州上田藩士の赤松小三郎は薩摩藩が武力挙兵論を決定した前後に、「幕薩一和」論を唱えて周旋に奔走した。

しかし、その周旋のために、会津藩公用方や同藩の軍学者、山本覚馬と提携したことが致命的だったかもしれない。折から上田藩は赤松を帰国させようとしていたが、会津藩は赤松の有能さを見込んで幕府に召し抱えさせようとして、帰国を阻止するために幕府への工作もしていた。赤松は恩義のある会津藩と手を切るわけにはいかなかったのだろう。

しかし、前回も述べたように、薩摩藩はすでに「三都同時挙兵」計画を策定しており、その主要な攻撃対象は会津藩だった。その会津藩と協調している赤松に、薩摩藩が不信を抱き、猜疑するのもまた必然だった。

当初、慶応二（一八六六）年、江戸に軍学修業のため留学していた薩摩藩士の野津七次《のづしちじ》（のち道貫《みちつら》）は幕府の砲術師範である下曽根信之の塾に入り、その塾頭だった平木良蔵の塾で赤松と知り合い、彼を京都へ招聘した（＊1）。

その後、赤松を鹿児島に招こうとする動きもあったらしい。上京してきた赤松の身分が定まらないため、家老の小松帯刀が幕府に掛け合ったが、不首尾に終わったようである（＊2）。小松は赤松を藩営洋学校である開成所の教官に迎えようと考えていたのかもしれない。赤松が鹿児島に行ったなら、その運命も変わっていただろう。

慶応二年秋、赤松は京都に上ると、薩摩藩の二本松藩邸の西、烏丸今出川の西に下宿を構えた。そして塾を開くと大変な人気で、門下生は薩摩藩のみならず、肥後、大垣、会津などの諸藩士や新選組隊士までいたという（＊3）。

門下生に薩摩藩の政敵である藩士たちが少なくなかったことが、薩摩藩に警戒心を抱かせた。赤松の交友範囲の広さから機密漏洩を恐れたのだろう。藩内の監察的な立場にあった中村半次郎（のち桐野利秋）はひそかに赤松の身辺調査をしている（＊4）。

赤松小三郎遭難の石碑
＝京都市下京区

「（赤松を）段々探索方に及び候処、いよいよ幕奸の由分明にて、もっとも当春も新将軍へ拝謁なども致し」

赤松は将軍の徳川慶喜にも拝謁したという。それもあって、中村は赤松を「幕奸《ばくかん》」（幕府の間者）だと確信したのである。

中村が赤松を「幕奸」だと確認した根拠はこれまで推測されるだけで不明だったが、上田藩の史料により近年明らかになった。同藩京都留守居役の赤座寿兵衛《あかざじゅべえ》が国許の重役に送った公用状（慶応三年六月二十九日付）によれば、赤松に帰国を命じる藩庁に対して、会津藩から要請があったので、しばらくそれを延期させてほしいと伺いを立てて、その理由を次のように述べている（＊5）。

「（会津藩公用方の外嶋機兵衛《としまきへえ》が）何卒小三郎を当分在京させてほしいと申し出てきた。かつ、この時節の形勢が不穏のうえ、会津藩も京都守護職という役柄なので、格別に天下御一和、かつ世間の形勢探索など行う役目をつとめなければならない。それについて、小三郎は薩摩藩へ頼まれ、旅宿など面倒を見てもらっているという。薩摩藩は近来、諸藩との付き合いを遠ざけていて、その底意が不明なので、小三郎は同藩に立ち入り、懇意の人も多いので、おのずと薩摩藩の様子も明らかになるだろう。（中略）これは徳川の御為であり、上田藩の御為でもある」

これにより、会津藩が赤松に対して、薩摩藩での人脈を活かして同藩内の内偵を命じたのは明らかである。赤松は幕臣（開成所勤務）に転じる希望をもっていた。会津藩がその仲介をしてくれるというから、同藩の内命を断り切れず、図らずも望まぬ諜報活動に手を染めたところを、中村に探知された可能性が高い。中村は赤松を幕府の密偵と判断し、藩の防諜活動の一環として、赤松の殺害に及んだと考えられる。

運命の日は赤松が一旦帰国するため京都を発した九月三日だった。赤松は友人の野津七次らに別れを告げて南へ下った。赤松のあとを追う二人の影があった。中村と田代五郎左衛門である。二人は先回りして赤松を待ち受け、五条東洞院《ひがしのとういん》下ルの路次で、中村が赤松を斬った。赤松はとっさに懐から短筒を出そうとしたが遅かった（＊6）。

赤松は惣髪《そうはつ》で、黒の毛織物の羽織、縞袴に木覆《きぐつ》、アメリカ仕立ての日傘をもつというハイカラないでたちだった（＊7）。享年三十七歳。

赤貧から身をおこし、苦学勉励して当代一流の軍学者になりながら、親密な間柄だった薩摩藩との不運なすれ違いが災いしたことが惜しまれてならない。

＊1　「道貫公事蹟」　国会図書館憲政資料室所蔵
＊2　「池上四郎家蔵雑記」　市来四郎編『石室秘稿』　国会図書館憲政資料室所蔵
＊3　『京在日記　利秋』　慶応三年九月三日条　個人蔵
＊4　＊3に同じ
＊5　『京阪御用状往復留　慶応三丁卯歳　従六月翌辰至十二月』（上田藩庁文書）　寺島隆史氏翻刻
＊6　＊3に同じ
＊7　『慶応丁卯雑記』九月三日条　もしおか歴史文化館収蔵

新選組と薩摩藩（上）

――内偵活動から敵対へ

幕末の京都で異彩を放った団体に新選組がいる。本書でも新選組関連の記事はいくつか取り上げた。薩摩藩士から新選組隊士になった富山弥兵衛《とみやまやへえ》、逆に新選組隊士から薩摩藩士になった三井丑之助《うしのすけ》などである。

今回は個々の隊士ではなく、新選組を武力団体としてトータルにとらえ、薩摩藩との関係をどのように変遷させたかをみていきたい。

まず、新選組は常に薩摩藩とは敵対的な関係にあったというイメージがあるが、必ずしもそうとはいえない。新選組は文久三（一八六三）年はじめ、「勤王攘夷」実行の浪士集団として結成された（＊1）。以来、在京期間はおよそ五年間だが、前期はむしろ薩摩藩とは協調的だった。敵対的になるのは後期からである。

その画期は何かといえば、慶応元（一八六五）年十月、孝明天皇が、大老の井伊直弼が無勅許調印した安政条約を、ついに勅許したことだろう。これによって「攘夷」が大きな政治課題ではなくなり、国内政体をめぐる対立と抗争へと政局が移った。すなわち、新選組は「一会桑《いっかいそう》」（一橋慶喜・会津・桑名）勢力と結合して、長州打倒の急先鋒となった。一方、薩摩藩は「一会桑」勢力と距離を置いて「一藩割拠」主義に転じ、それまで敵対関係にあって、同じく「一藩割拠」をとる長州藩と接近、ついに薩長同盟の成立に至る。

前期新選組の大きな事件といえば、やはり、元治元（一八六五）年六月五日に起きた池田屋事件だろう。新選組や会津藩などが長州・土佐系の尊攘派が集結していた池田屋を包囲して襲撃、多数を殺傷した事件として有名である。

池田屋跡　＝京都市中京区

薩摩藩はこの事件では局外中立にあったが、各方面から情報収集している。たとえば、家老の小松帯刀は事件当事者である会津藩からじかに情報を入手し、「六月五日夜召捕一件略書」をまとめて、国許の大久保一蔵に知らせている。そのなかで「新撰組手にて、一、切捨五人、一、召捕九人」と書いている（＊2）。

この事件をきっかけに、薩摩藩が新選組の武力や情報収集能力に注目し、警戒するようになったのではないだろうか。

薩摩藩の京都留守居役、内田仲之助《ちゅうのすけ》が殺人事件を起こした家来の富山弥兵衛（四郎太と名乗る）を新選組に潜入させている（＊3）。その時期は不明だが、池田屋事件のあとと思われることから、新選組への情報収集活動を強化したといえるかもしれない。

富山は慶応二（一八六六）年六月、幕府の第二次長州征伐で、新選組局長の近藤勇が広島に出張したとき、随行した隊士の山崎烝《やまざきすすむ》と吉村貫一郎《かんいちろう》の報告書をひそかに入手して内田に渡していたことがわかる（＊4）。

翌三年七月十八日、新選組はついに薩摩藩に対して正面から挑発に出た。対馬脱藩士で禁門の変でも長州方で戦った多田荘蔵《ただしょうぞう》を逮捕したのである。

多田は禁門の変後、ひそかに入京、桜井庄次郎と変名して薩摩藩の二本松藩邸に潜伏していた。その後、藩邸を出て洛中の荒神口川端の松葉屋という質屋に下宿、薩摩藩士として公然と活動していた。そこへ新選組が乗り込んで来て、多田を逮捕したのである（＊5）。洛中で合法的な存在である薩摩藩士と称する人物を逮捕したのだから、明らかに薩摩藩への挑戦だった。

すでに薩長同盟が結ばれていた。長州打倒を唱える新選組は薩摩藩との対立も深めたのである。

＊1　「文久三亥年　志大略認書」　図録『日野新選組展』　日野ふるさと博物館　一九九八年
＊2　『大久保利通関係文書三』　小松帯刀二三号　立教大学日本史研究会編　吉川弘文館
＊3　西村兼文「新撰組始末記」『新選組史料集』　新人物往来社編・刊
＊4　『大久保利通関係文書二』　内田仲之助二二号　立教大学日本史研究会編　吉川弘文館
＊5　『忠義公史料四』　四五五号

新選組と薩摩藩（中）

――重大政局めぐる情報戦

慶応三（一八六七）年は幕末の最終段階である。大政奉還や王政復古政変という明治維新にかかわる重大事件があり、坂本龍馬と中岡慎太郎が暗殺された近江屋事件もその間に起こっている。

今回は大政奉還前後の動きのなかで、薩摩、長州、芸州の三藩による京坂挙兵計画と討幕の密勅をめぐる新選組との攻防を紹介したい。

同年九月中旬、薩摩藩の大久保一蔵が山口や広島を訪れて、薩長芸の三藩による京都や大坂での挙兵計画への合意を取りつけ、九月末か十月初めをめどに挙兵断行という段取りを確認した（＊1）。

結局、この計画は薩摩藩内で反対の声が多く、いったん頓挫するが、薩摩藩のごく一部しか知らない極秘方針だったことは間違いない。ところが、この計画を新選組がひそかに探知していたのである。

近藤勇が会津藩に告げたところによれば、「土佐浮浪」＝陸援隊（隊長・中岡慎太郎）のなかに村山謙吉という間諜を潜入させ、十月十五日を期限に、薩摩藩兵が二条城、土佐浪士などが会津藩邸、ほかの浪士たちが新選組屯所をそれぞれ襲撃するという情報をつかんでいた（＊2）。

これとほぼ同趣旨が盛岡藩の記録『慶応丁卯《ていぼう》雑記』にも書かれている（＊3）。

「京都において、薩州の人数が不意に二条城を放火し、土州の人数は白川屋敷（陸援隊屯所）から繰り出し、会津と戦争する」云々。

将軍慶喜が大政奉還を宣言した二条城二の丸御殿
＝京都市中京区

盛岡藩はこの情報を同藩出身で新選組隊士となった吉村貫一郎《かんいちろう》（旧名・嘉村《かむら》権太郎）から聞き取ったとしている（浦出卓郎氏よりご教示）。

前回紹介したように、薩摩藩から新選組に潜入した富山《とみやま》弥兵衛《やへえ》が吉村らの報告書をひそかに入手していたが、今度は逆に吉村が薩摩藩の機密情報をつかんでいた。双方は際どい情報戦を展開していたのである。

同年十月十日、会津藩は薩摩藩との対立が激しく

京都守護職屋敷跡　＝京都市上京区

なったのを踏まえ、近藤に新選組による藩主松平容保の二条城登城に対する警固とともに、薩摩、土佐の両藩邸の監視と探索を命じていた（＊4）。

ところが、その三日後の十三日、将軍慶喜は二条城に諸藩の重臣を召集して大政奉還を宣言してしまう。これは慶喜の重大な政策転換で、会津藩や新選組に大きな衝撃を与えた。

とりわけ、会津藩や新選組は大政奉還の元凶は薩摩藩の小松帯刀、西郷吉之助、大久保の三人だととらえており、薩摩藩邸の襲撃さえ計画していた（＊5）。

新選組は薩摩の三人への監視、尾行を徹底した。大政奉還の翌十四日、薩長両藩はいわゆる「討幕の密勅」を得る。このとき、大久保は起草者の一人、正親町三条実愛《おおぎまちさんじょうさねなる》（前権大納言、議奏）の自宅を訪れてそれを受け取った。

正親町三条の回想によれば、大久保には新選組の尾行がついており、近藤が七、八人の隊士を率いて同邸門前にたむろしていた。正親町三条が心配して「どうするのか」とたずねると、大久保は「何も恐ろしいことはない」と答えて平然と出ていったという。このとき、近藤が大久保を逮捕していたら、歴史は変わったかもしれない（＊6）。

結局、「討幕の密勅」は大久保から小松に渡され、西郷を含めた三人でそれを鹿児島に持ち帰った。小松が密勅を隠し持って京都から大坂に向かうときも、新選組が尾行していたことが記録されている（＊7）。

幕末の激動期、新選組と薩摩藩の緊迫した駆け引きがうかがわれる。

＊1　『大久保利通日記』上　慶応三年九月十八日条　侯爵大久保家蔵版
＊2　「会津藩文書」慶応三年十月十日付　『史籍雑纂』第五　国書刊行会編　続群書類従完成会
＊3　盛岡藩『慶応丁卯雑記』　国文学研究資料館データベース　もりおか歴史文化館収蔵
＊4　＊2と同じ
＊5　『大久保利通関係文書一』　岩倉具視五号　立教大学日本史研究会編　吉川弘文館
＊6　「嵯峨実愛談話筆記」　『大久保利通関係文書二』一三七号参考其三　侯爵大久保家蔵版
＊7　＊6と同じ／「具視薩摩藩邸ニ潜行シ吉井幸輔ト密議ノ事」『岩倉公実記』下　皇后宮職蔵版

新選組と薩摩藩（下）

──近江屋事件の嫌疑と誤認

慶応三（一八六七）年後半の京都政局において、新選組、なかでも局長近藤勇の存在と発言力が大きくなってくる。

それは幕府体制を維持するか否かをめぐる保幕派と薩摩藩を中心とする廃幕派の対立が武力発動さえ辞さぬほど緊迫してきたからである。そして同年六月、近藤が旗本になったのをはじめ、新選組が幕臣化したことが幕府への帰属意識を高めた（＊1）。

同月、近藤は親藩集会に出席するようになる。これは御三家や会津藩、越前藩など親藩・譜代大名の在京代表による親睦と協議の場だった。そうした近藤の地位は「譜代の小藩主クラス」という見方もあるほどである（＊2）。

同時期、近藤は摂政の二条斉敬《なりゆき》に建白書を提出し、長州再征を「妄挙無名《もうきょむめい》の師《し》」とする薩摩など四侯《しこう》の建白書を採用しないよう訴えている。対薩長強硬派としての近藤の存在感は朝廷にも強く印象づけられた（＊3）。

そうした近藤の姿に熱い視線を送っていたのが将軍慶喜の盟友で会津藩の同伴者という

べき尹宮朝彦《いんのみやあさよし》親王だった。八月十四日、将軍慶喜の懐刀だった目付の原市之進が暗殺されたため、朝彦親王は原の後継者として近藤に目をつけたのである。

九月十三日、来訪した会津藩公用方の有力者である秋月悌次郎《ていじろう》に対して、近藤を原の後任に推挙すると、秋月だけでなく若年寄格の永井尚志《なおゆき》も賛意を表している。推挙の理由は「もし長州藩兵が大坂へ上ってきたとき、（近藤なら）対決できる」というものだった（＊4）。

そうした政治的なスタンスゆえ、近藤は大政奉還にも強く反発し、薩土両藩との対決姿勢を鮮明にした。そして十一月十五日夜、坂本龍馬と中岡慎太郎が暗殺される近江屋事件が起きると、薩土両藩ともすぐさま新選組の仕業だと疑った。

近藤勇最期の地付近に立つ供養墓
＝東京都北区滝野川

とくに事件当夜に入京した大久保一蔵は翌日、岩倉具視から急報を受けると、「遺憾に堪えない次第である」と悔しがった（＊5）。さらに大久保は事件から四日後、岩倉にあてた書簡で「坂本をはじめ暴殺のことはいよいよ新撰（新選組）に相違ないと聞きました。（中略）近藤勇の仕業だと察せられます。まことに（近藤の）自滅を招く表れだと思います」と述べ、事件の首謀者は近藤だと確信していた（＊6）。

大久保の確信には根拠があった。事件から三日後、近藤たち主流派と袂《たもと》を分かった高台寺党《こうだいじとう》が新選組に襲撃され、首領の伊東甲子太郎《かしたろう》などが殺害された。生き残った者たちが薩摩藩邸に駆け込んできた。大久保は彼らを庇護し、伏見藩邸に移した。彼らが近江屋事件は新選組の仕業だと洩らしたため、大久保はただちに土佐藩に連絡、同藩から目付の谷守部《もりべ》（のち干城《たてき》）と毛利恭助がやってきて伏見藩邸で尋問が行われた（＊7）。

その結果、新選組の仕業だというのが薩土両藩の共通認識になったのである。しかし、これは誤認で、その後の真相究明にとって大きなボタンの掛け違いになった。実際は同じ幕府の警察組織である見廻組《みまわりぐみ》の仕業だったのである。近藤と新選組には不幸な冤罪だった。

翌四年四月三日、近藤は下総流山《しもうさながれやま》で政府軍に投降、二十五日、板橋宿で斬首された。その処分協議では、京都護送を主張した薩摩藩を制して土佐藩の谷守部の強硬意見が通ったという（＊8）。谷には坂本と中岡の仇討ちという思いが強かったのではないか。一方、近藤にとっては不運で不名誉な最期になった。

＊1　『丁卯雑拾録一』　日本史籍協会編　東京大学出版会

＊2　松浦玲『新選組』岩波新書　二〇〇三年
＊3　『玉里島津家史料五』一六七一号
＊4　『朝彦親王日記二』慶応三年九月十三日条　日本史籍協会編　東京大学出版会
＊5　『大久保利通文書二』一四一号　マツノ書店覆刻
＊6　＊5一四四号
＊7　『京在日記 利秋』慶応三年九月二十一日条　私家版
＊8　『谷干城遺稿』第三編「東征私記」日本史籍協会編　東京大学出版会

元新選組隊士 三井丑之助

――西郷の推挙で薩摩藩士へ

幕末の京都で存在感を示した新選組は、敵対的な立場だった関係から、薩摩藩とは縁が薄いのはたしかである。それでも、人的なつかがりがわずかながらあった。

このシリーズ最初の幕末・明治編で薩摩出身の新選組隊士、富山弥兵衛《とみやまやへえ》を紹介したことがある。一方、富山とは逆に、藩外人ながら薩摩藩士になった隊士もいることはあまり知られていない。

三井丑之助《うしのすけ》（一八四一〜没年不明）もその一人である。

ほかにも薩摩藩士になった元隊士はいる。慶応三（一八六七）年三月、新選組から分離した伊東甲子太郎《かしたろう》を中心とした御陵衛士《ごりょうえじ》グループは高台寺党と呼ばれた。しかし、十一月、首領の伊東たち数名が近藤勇らによって殺害されたため、生き残った者たちは薩摩藩邸に駆け込み、大久保一蔵（のち利通）の計らいにより保護された（＊1）。

そのメンバーは、加納道之助（のち鷲雄《わしお》）、篠原泰之進（のち秦林親《はたしげちか》）、富山弥兵衛、三木三郎、阿部十郎などだった。彼らは鳥羽伏見の戦いで中村半次郎（のち桐野利秋）の隊に加わったという（＊2）。このうち、薩摩藩士に取り立てられたのは加納道之助は確実だが、ほかは不明である。

さて、三井の経歴は右の高台寺党メンバーとは少し異なっている。三井は常陸国館林の生まれで、実名は勝久という（＊3）。新選組結成当初の隊士ではなく、慶応元（一八六五）年四月、副長の土方歳三が江戸に戻って徴募した五十名以上の新隊士の一人。もっとも、土方が直接募ったのではなく、のち高台寺党となった伊東甲子太郎と斎藤一に選抜された十一名のうちの一人だった（＊4）。三井は伊東とは親密な関係にあったと思われるが、高台寺党には属していない。

伝・三井丑之助の墓
＝東京都北区・大恩寺

三井が上京してからの動きはよくわからないが、同三年六月、新選組の幕臣取り立てに際して、三井ら平士八十九名は「見廻組並《みまわりぐみなみ》御《お》雇《やとい》」となった（＊5）。御家人に準ずる待遇だろう。

鳥羽伏見の戦いに敗北したのち、三井は江戸に帰還、近藤勇（当時、大久保大和守）に従い、五兵衛新田《ごべえしんでん》（現・東京都足立区綾瀬）に集結したが、新政府軍に投降したという。

その後、西郷吉之助（のち隆盛）が明治二（一八六九）年五月十三日、藩庁に願書を提出し、元佐土原藩士の浅田政次郎、元西大路藩士の森時之輔とともに、三井を御小姓与《おこしょうぐみ》に取り立て、当分、加納鷲雄とともに江戸藩邸に置きたいと訴えている（＊6）。西郷の訴えだから、まず実現したと思われる。御小姓与は鹿児島城下士の最下級で、西郷や大久保と同じ家格である。

西郷の願書によれば、三井は板橋宿で東山道総督府軍に降伏。その後諸方での探索任務にあたり、戦争でも薩摩藩兵に加えられて「功業」もあり、箱館戦争にも従軍している。箱館からの帰陣をきっかけに、西郷が三井を推挙したのだろう。

なお、元高台寺党の阿部十郎の証言によれば、三井は加納とともに、元新選組隊士で伊東甲子太郎を殺害したとされる大石鍬次郎《くわじろう》を捕縛したという（＊7）。大石は兵部省と刑部省の尋問を受けて、坂本龍馬と中岡慎太郎を襲撃したのは見廻組だと証言したことから波紋を広げた（＊8）。三井の行動が近江屋事件の真相究明にも影響を与えたのである。

明治になって、三井は開拓使に勤務したというが、没年は不明である。

＊1　『京在日記　利秋』　私家版／「秦林親日記」『維新日乗纂輯』三　日本史籍協会編　東京大学出版会

＊2　＊1「秦林親日記」

＊3　『新選組大人名事典』下　新人物往来社編・刊

＊4　「異聞録」『新選組日誌』上　慶応元年四月十日条　菊地明ほか編　新人物往来社

＊5　『慶応三年　新徴組大砲組之留』　国立公文書館所蔵

＊6　『忠義公史料』二八四号

＊7　阿部隆明談「新撰組の本旨附十六話」『史談会速記録』九〇輯　原書房覆刻

＊8　『坂本龍馬謀殺一件書抜―兵部省・刑部省口書及届書十通―全』（瑞山会採集史料）　東京大学史料編纂所架蔵

真木和泉の薩摩入国（上）

——久光に討幕計画を訴える

　幕末期にはいわゆる勤王の志士、尊王攘夷派の志士と呼ばれる人々を輩出したが、その巨頭の一人が真木和泉《まきいずみ》（保臣《やすおみ》、一八一三〜六四）である。

　真木は筑後国久留米藩にある水天宮《すいてんぐう》の神職の家に生まれ、中小姓格《ちゅうこしょうかく》という下級藩士でもあった。神職としては大宮司と従五位下・和泉守の官位を有していたので、和泉を通称とした。

　若き真木は藩主有馬頼永の下で藩政刷新に取り組んだが、頼永の死後は逆風となった。嘉永五（一八五二）年、真木ら改革派は弾圧された。真木も蟄居を命じられ、神職を取り上げられた。それでも、真木は挫けず、水天宮の一角に山梔窩《くちなしのや》という庵を建て、周辺の陪臣、村役人たちを門弟として学問を教え、時勢を熱く説いたという（＊1）。

　蟄居はじつに十一年の長きにわたったが、文久二（一八六二）年、真木は藩庁の許しを得ないで脱出を企てる。それは、島津久光の率兵上京が大きなきっかけだった。

　すでに真木は前年薩摩を訪れた同志の平野国臣（筑前脱藩士）から薩摩藩内の情勢を聞き、

二月一日には精忠組激派の柴山愛次郎と橋口壮助の訪問を受け、四日には京都から帰国途中の大久保一蔵とも会見している。もっとも、大久保は真木に自重を促している。

真木はいよいよ脱出亡命を決意した。上京する久光に朝廷を助けての討幕を訴えようと南行して薩摩をめざすのである。

真木和泉が住んだ山梔窩　＝久留米市水天宮

久留米藩は真木周辺の動静が不穏なことを知り、捕吏に水天宮を警戒させた。二月十六日、真木一行は鑓《やり》や鉄砲で武装し、白昼堂々、水天宮を出た。そして、松橋から船に乗り、天草を経て、二十一日、ようやく阿久根に着岸した。

しかし、港の役人は真木一行が往来手形を所持していなかったので入国を拒絶した。それでも、真木は挫けずに、小松帯刀や大久保一蔵と内々の談合があると伝え、二人への書簡を託すと、ようやく四日後に入国を許された（＊2）。

鹿児島城下に入った真木一行は二十八日、大久保と密談に及んだ。真木は同志の田中河内介が勅書を持参するなどの三カ条を述べて、久光に大義のために起つことを求めた。しかし、大久保は三カ条に賛意を示さなかった。真木は日記に「(大久保は)唯々《いい》と去る」と書いた(＊3)。

翌二十九日、真木は久光に上書を提出した。その内容は驚くべき過激な論だった(＊4)。それは具体的な討幕計画で、たとえば、三〇〇人で京都御所を占拠し、ほかの三〇〇人で二条城を攻撃する。そのうちの五〇人は京都所司代の酒井忠義《ただあき》を襲撃する。そして孝明天皇には比叡山に鳳輦《ほうれん》を移してもらう。そのうえで、「勅諚《ちょくじょう》にて関東の賊(幕府)を打ち取り申すべし」という趣旨だった。

久光主従は勅命により朝廷と幕政の改革を進めることを目的としていたから、到底真木の討幕論を受け容れられるはずがない。

当時、真木の令名は西国から上方で広く知られていた。たとえば、出羽の攘夷派浪士で有名な清河八郎も真木を訪れて、「その体五十位の総髪、人物至ってよろしく、一見して九州第一の品格顕《あら》はる、頗る威容ありき」と述べているほどである(＊5)。

薩摩藩は久光の上京が迫るなか、この異端の大物の処遇に手を焼いていた。

＊1　山口宗之『真木和泉』人物叢書新装版　吉川弘文館　一九八九年
＊2　宇高浩『真木和泉守』第十九章　菊武金文堂　一九三四年

＊3　＊2に同じ
＊4　『玉里島津家史料一』一三八号
＊5　『清河八郎遺著』第三　潜中始末　山路弥吉編　民友社

真木和泉の薩摩入国（下）

——藩内への影響力恐れられて抑留

西国の尊王攘夷派の巨魁《きょかい》、真木和泉を領内に受け容れてしまった薩摩藩はその処遇に苦慮していた。

久光周辺では、すでに真木一行の入薩前から、京都の近衛家からの督促を受けて上京計画が着々と進められていたからである（＊1）。実際、久光は文久二（一八六二）年三月十六日に鹿児島を発って京都へ向かっている。

西国や畿内の尊攘派は久光の上京に大いに期待し、大挙して京都に集結しようとしていた。もし真木を同行して上洛の途についたら、その影響力によって、ますます尊攘派は勢いづいてしまい、薩摩藩では制御不能になってしまう恐れがあった。だから、真木をあくまで領内に抑留しておくことにしたのである。

薩摩藩は真木一行を接待漬けにした。一行が逗留した下町会所（城下西田町か）には町年寄、目付、用聞《ようきき》、料理人まで十数人が詰めた。連夜のように酒宴が催され、大皿に山海の珍味が盛られ、デザートやおやつにカステラ、白羊羹、金平糖なども出されたという（＊2）。

さらに薩摩藩は真木の要望に応じて、要人たちとの会見も許している。たとえば、久光の最側近、小松帯刀との会見も実現した。

三月二日、小松は真木を自邸に招いた。真木は久光が自藩（久留米藩）の藩主、有馬頼咸《よりしげ》と相談して善後策を講じてくれるよう申し入れたようである。実際、久留米藩の使者、不破左門が入薩しており、真木はその同行者であると述べたらしい（＊3）。真木は久光の上京に久留米藩も巻き込んで、あわよくば自身も上京しようと考えていたのだろう。

しかし、小松の回答は真木の意に沿うものではなかった。小松は、久光はあくまで藩主茂久の江戸参府延期を認めてもらった御礼として江戸に向かうのであり、途中、有馬頼咸と会うわけにはいかないと断り、上京計画を秘匿した。さらに真木の入薩により藩内が騒がしくなっているので、真木を同道すると、藩内が動乱になるかもしれないという理由から、真木の随行も拒絶したので

真木和泉の銅像　＝久留米市・水天宮

天王山中腹にある真木和泉自刃の地　＝京都府大山崎町

ある（＊4）。

小松に拒絶された真木はそれでもあきらめず、久光の決起を求める「薩周防公子に呈する書」をしたためて、小松に託している。このとき、真木は短冊に和歌二首も添えている。その一首には真木の焦心がうかがえる。

「おくれなば色も桜におとるらむ　いそぐぞ梅のにほひなりける」

六日、小松に再び招かれた真木は日向路を通って薩摩領内から退去するよう指示された。肥後路を往く久光一行と合流させないように避けたのだろう。

同日午後、真木らは鹿児島を発ったが、八日、財部の通山まで来たところで再び小松に呼び戻されて鹿児島に戻った。十一日、小松を訪ねると、佐土原で久留米藩の捕吏が真木らを待ち受けているから保護したいと召還の理由を告げたが、おそらくそれは口実で、やはり念を入れて、もうしばらく真木を領内に抑留したほうがよいという判断だったと思われる。

結局、真木らが再び出立したのは、久光が上京して半月近くたった三月三十日だった。真木への処遇をみると、久光周辺がどれほど真木を恐れて、気を遣い警戒していたかがわかる。

＊1　『玉里島津家史料一』一三六号
＊2　山口宗之『真木和泉』人物叢書新装版　吉川弘文館　一九八九年
＊3　『大久保利通関係文書五』真木和泉一号　立教大学日本史研究会編　吉川弘文館
＊4　宇高浩『真木和泉守』第十九章　菊武金文堂　一九三四年

高松凌雲と山下喜次郎
――箱館戦争での赤十字精神

幕末の幕府奥医師に高松凌雲《りょううん》（一八三六〜一九一六）という医者がいた。筑後国御原郡《みはらぐん》（現・福岡県小郡市）の庄屋の家に生まれ、江戸に出て、医学や蘭学を学び、緒方洪庵の塾に入り、横浜でヘボンの英語学校に通い、幕府の奥医師にまで上りつめた秀才で、フランス留学の経験もあった。

帰国後の明治元（一八六八）年八月、凌雲は榎本武揚《たけあき》に同行して箱館に渡った。榎本たちの勧めで凌雲は榎本軍の病院頭取兼医師取締となった。当時、箱館には箱館山の麓の山之上町（現・函館市弥生町）に箱館医学所があった。凌雲は手狭な同所を拡張して箱館病院とし、みずから院長をつとめた（＊1）。

凌雲はヨーロッパで赤十字の活動を学び、戦争捕虜の人道的な扱いを定めたジュネーヴ条約（一八六四年締結）を知っていた。そしてみずからも実践したのである。榎本軍の箱館占領のとき、負傷者に敵味方の区別はないとして、政府方の負傷者六人を箱館病院に収容、治療を施したのち、便船で青森に送還している（＊2）。

翌明治二（一八六九）年、榎本軍と政府軍の箱館戦争は激化し、五月になると、戦況は榎本軍の不利が明らかだった。箱館病院にも榎本軍の負傷兵多数が療養していた。

事件が起きたのは五月十一日。箱館病院に突如として政府軍兵士が乱入してきた。薩摩藩兵だった。兵士たちは負傷兵を見て「賊あり、賊あり」と叫んだ。凌雲は「お控えなさい。早まってはならぬ」と兵士たちを一喝した。殺気だった兵士たちは凌雲を取り囲む。押し問答があった。凌雲は訴えた。

「拙者は医者であり、ここは病院である。負傷者たちは起居もままならず、諸君らに敵対するものではない。願わくは、回復するまで助命してほしい」

高松凌雲

凌雲は負傷兵たちの銃器を取り上げて保管している棚も見せ、敵意がないことを示した。その応接の最中、今度は久留米藩兵が入ってきた。負傷兵を見つけるや、「切れ、撃て」と叫んだ。負傷兵があわや殺害されるかというとき、薩摩藩兵のなかから隊長らしき人物が出てきた。そして久留米藩兵に向かって、「騒ぐな。ここは病院なり」と制止したうえで、凌雲に「貴君の申し出は委細承知した。病者は必ず助命する。安心あれ」と告げ、「拙者は薩州隊にて山下喜次郎という者なり」と名乗った。山下はさらに「病院に欠乏する物資があれば、遠慮なく我が隊に申し出られよ」と親切に付け加えた。

ようやく顔色がほころんだ凌雲は「願わくは、薩州隊改めと大書したものを門前に掲げてほしい」と願い出た。薩州隊が去ったのち、別の隊によって負傷兵が乱暴される恐れがあったからである。山下はこれまた快諾して「薩州隊改め」と大書した旗を門前に掲げさせた（＊3）。

多数の負傷兵を抱えて局外中立を守り通した凌雲と、人道精神を発揮して敵の病院と負傷兵を保護した山下喜次郎——。わが国で赤十字精神が実現した瞬間だった。

さて、この薩州隊の隊長とおぼしき山下喜次郎とは誰なのか。残念ながら不明である。箱館戦争に従軍した薩摩藩兵はそれほど多くなく、城下の足軽で編成された兵具方《ひょうぐかた》二番隊と同三番隊、そして加治木大砲隊（左半隊）だけである（＊4）。

このうち、箱館病院の位置から推定して、同院に乱入したのは箱館山から下りてきた部隊なのは確実で、それは兵具方二番隊である。しかし、右戦状の同隊の報告書には、幹部や死傷者にも山下の名前は見えない。山下喜次郎という人物をぜひとも知りたいものである。

＊1　『高松凌雲翁経歴談・箱館戦争史料』　日本史籍協会編　マツノ書店覆刻
＊2　＊1に同じ
＊3　＊1に同じ
＊4　『薩藩出軍戦状』二　兵具方・諸組遊撃隊　日本史籍協会編　東京大学出版会

日下部鳴鶴の辞官

——大久保利通暗殺の衝撃

五月十四日は内務卿、大久保利通（一八三〇〜七八）の命日である。

東京・青山霊園にある大久保の墓所を訪れると、まず正面に巨大な勅撰《ちょくせん》神道碑が見えてくる。三十三回忌にあたる明治四十三（一九一〇）年に建立されたもの。長大な撰文は大久保と同郷の漢学者である重野安繹《しげのやすつぐ》（東京帝国大学教授）。そして書はかつて大久保の部下だった日下部鳴鶴《くさかべめいかく》（当時、東作、一八三八〜一九二二）の手になる（＊1）。

日下部は当時、中国古代の漢魏六朝《かんぎりくちょう》時代の書法（六朝書道）を取り入れて書道の世界に新風を吹き込み、斯界の第一人者として声望が高かった（＊2）。じつは、日下部は元・彦根藩士である。その生涯の節目には、薩摩藩と大久保が深くかかわっていた。

日下部は彦根藩士、田中惣右衛門の二男として江戸藩邸で生まれた。長じて同藩士の日下部三郎右衛門の養子になった（＊3）。

最初の転機は、安政七（一八六〇）年三月三日に勃発した桜田門外の変である。養父三郎右衛門は供頭《ともがしら》として、登城する大老井伊直弼《いいなおすけ》の行列の先頭にあった。そして桜田門外で、突如襲いかかった水戸浪士に斬られて重傷を負い、人事不省のまま六十余日後に他界した。

この変に薩摩藩士の有村兄弟が加わっていたことは本書（一四〇～一四七頁）でも紹介した。また鹿児島にあっては、大久保率いる精忠組が水戸浪士と合流すべく脱藩突出を企てた。とくに大久保は脱藩突出をちらつかせながら、国父島津久光に井伊打倒の率兵上京を迫っていたのである。幕末の激動期、日下部と大久保は敵対する両陣営にいたのである。

桜田門外の変後、彦根藩は領地十万石を削減されたこともあり、次第に幕府とは距離を置きはじめ、慶応四（一八六八）年一月の鳥羽伏見の戦いでは新政府軍に加担した。

日下部もまた、同藩の京都留守居役をつとめて対外交渉の経験を積んだことから、徴士《ちょうし》（諸藩から選抜された有能な藩士）として維新政府に登用されることになった。大久保が内務卿となった明治六（一八七三）年以降は、太政官の大書記官として政府の実務を取り仕切る立場にあった。

大久保利通の勅撰神道碑
重野安繹と日下部東作（鳴鶴）の名が見える　＝東京都港区・青山霊園

日下部鳴鶴の墓
＝東京都世田谷区・豪徳寺

同九年四月十九日、明治天皇が霞ヶ関の大久保邸に行幸したとき、席書と席画の趣向ががあった（＊4）。即興で書画を描いてみせるもので、日下部は金井金洞とともに席書の腕前を披露してみせた。

大久保とも趣味の囲碁を通じた個人的な親交もあった。同九年十一月、大久保が重野安繹にあてた書簡で、本因坊秀栄《ほんいんぼうしゅうえい》も来るから、時間があれば手合わせしたいと呼びかけるとともに、日下部も誘ってみてほしいと書くなど、囲碁の話題がいくつかある（＊5）。

日下部の順調な官僚人生に衝撃を与えたのが同十一（一八七八）年五月十四日、紀尾井町での大久保暗殺事件だった。その日、日下部は人力車で清水谷を通っていたら、木の上で植木職人が何事か叫んでいる。前方には一台の馬車が横倒しになっていた。胸騒ぎを覚えた日下部が駆けつけると、馬車の中に息絶えた大久保の無残な姿があった。日下部は期せずして、紀尾井町事件の発見者になったのである（＊6）。

師とも兄とも仰いだ大久保の思いもかけぬ最期。日下部はその姿が目に焼きついて離れず、宮仕えの空しさを悟ったのか。自分の人生を一変させるほどの衝撃だったことは間違いない。翌年、日下部は潔く官を辞して野に下ったのである。

＊1　「勅撰神道碑」『大久保利通文書九』文書附録巻下、二五号　マツノ書店覆刻
＊2　『近代日本の書聖 日下部鳴鶴』　彦根城博物館編・刊　二〇一二年
＊3　中西慶爾『日下部鳴鶴伝』　木耳社　一九八四年
＊4　＊3に同じ
＊5　『大久保利美文書九』一七三六号　マツノ書店覆刻
＊6　＊3に同じ

第六章　藩内外の事件や史跡・文化

宝島の英国人侵入事件
——牛めぐり、殺傷に発展

屋久島と奄美大島の間に小さな島嶼《とうしょ》が南北に長く連なる吐噶喇《とから》列島である。現在は鹿児島郡十島村《としまむら》だが、往古は七島と呼ばれ、薩摩国川辺郡に属していた。

七島の南端にあるのが宝島。藩政時代、七島は薩摩藩の直轄領で在番の役人が派遣された。この島には平家の落人伝説やイギリスの海賊キャプテン・キッドが隠したという秘宝伝説もあることで知られる。

江戸時代後期、キャプテン・キッドと同じ英国人がこの島に侵入して殺傷事件が起きたことはあまり知られていない。

この事件にはいくつかの記録がある。藩主島津斉興《なりおき》や宝島在番の役人貴島助太郎、英国人を射殺した吉村九助の家族宛て書簡などをまとめた「文政七甲申《こうしん》七月宝島ニ於テ英人ヲ銃殺セシ始末」（＊1）、また当時、宝島に流人として滞在し、この事件に関与した本田助之丞書簡（＊2）などである。これらから事件の推移を紹介したい。

文政七（一八二四）年七月八日昼ごろ、同島の北方に外国船が現れた。三重の白帆の大柱三本、同じく小柱三本を備えた琉球船に似たような大船。英国の捕鯨船だった。七〇人の乗組員がいたという。

島の北側にある前籠《まえご》の遠見番所から監視していると、船は島の西一里ほどの沖に停泊した。そして乗組員七人が乗った小艇が岸へ漕ぎ出し、番所の下に着船した。

宝島に侵入した英国人の絵
＝鹿児島県歴史資料センター黎明館所蔵

番所には代官に相当する在番役人二人が詰めているが、たまたま出張で島を留守にしており、藩庁から派遣された詰横目《つめよこめ》数人と島役人数人がいるだけだった。

上陸した彼らは高い帽子に袖の小さな胴着、腰から下に「パッチ」（ズボンだろう）を着て皮靴を履いていたという。横目たちが彼らと面談したところ、言葉は通じなかったが、身振り手振りで彼らが牛を欲しがっていることがわかった。しかし、牛を与えるのは国禁だったので与えられないと断ったところ、彼らは納得したのか、いったん帰船した。

翌九日午前十時ごろ、英国人一四人がふたたび小艇二艘でやってきた。彼らは手ぶらだった前日と違い、酒や麦菓子、金銀の貨幣、衣類、剃刀、鋏、時計などを持参し、これらと引き換えに牛を譲ってくれと要求した。

番所横目の吉村九助らがふたたび拒絶し、その代わりに米や野菜を提供しようと申し出たところ、野菜を非常に喜び、お互い手を振って別れた。

ところが、同日四時ごろ、空気が一転した。英国人が三度《みたび》、小艇三艘で前籠に乗り付けるや、番所に向けて銃を放ち、本船からも大砲を撃ちかけてきた。力ずくで牛を奪おうというのである。役人の数が少ないのを知って実力行使に方針転換したのだろう。彼らは放牧してあった牛一頭を射殺し、二頭を捕獲して持ち去ろうとした。

番所には役人の人数も少なく、武器も鉄砲が数挺、鑓《やり》四、五本あるだけだった。役人たちの多くは逃げてしまった。

そんななか、五十七歳と老境にさしかかっていた横目の吉村九助は番所の木戸口で身構えていると、英国人数人が押し寄せてきた。九助は彼らを七メートルほどまで引きつけてから鉄砲を放つと、英国人の左胸に命中し、倒れた。それを見てほかの英国人たちは逃げ出し、本船も姿を消した。

のちにその遺骸は塩漬けにされ、藩庁から長崎奉行所に送られた。勇敢にも英国人を撃退した九助は郡奉行に昇進、役料銀二枚と切米五〇俵を終身給付されることになった。

なお、翌八年、幕府は異国船打払令（無《む》二《に》念《ねん》打《うち》払《はらい》令《れい》）を布告するが、この事件もその一因になったという（＊3）。

＊1　『斉宣・斉興公史料』二九五号

＊2　「一文政七年申七月八日異国船七島へ濫妨致吉村九助敵壱人射留候次第 本田助之丞より宿許へ申越候書状の写」『薩藩旧伝集』巻ノ三　新薩藩叢書　新薩藩叢書刊行会　歴史図書社

＊3　『鹿児島県史』二　第四編第九章　近藤出版社　一九七四年

モリソン号事件

――山川港で空砲の砲撃

十九世紀になると、日本近海に外国船が頻繁に出没するようになった。その多くは北太平洋を遊泳する鯨を追う英米の捕鯨船だった。

徳川幕府はこれをわが国への深刻な脅威ととらえ、文政八（一八二五）年、異国船打払令（無二念《むにねん》打払令）を定めた。わが国沿岸に近づく外国船に対し、無差別に砲撃を加えて撃退するという過激なものだった。

天保八（一八三七）年、アメリカ船のモリソン号が中国・広東《カントン》から浦賀に来航した。同船は広東のアメリカ貿易商社のオリファント会社が日本との通商と宣教師による日本布教を目的に派遣したものだった。なお、イギリス船説があるが、間違いである。同船にはわが国の漂流民七人が同乗していた。彼らを送還することで交渉のきっかけを得ようとしたのである。

七人は漁民で、岩吉、久吉、音吉が尾張、庄蔵、寿三郎が肥後、熊太郎、力松が肥前の出身だった。

モリソン号は五六四トンの帆船で、船員のほか、オリファント社の支配人キング夫妻や宣教師なども同乗、将軍への書簡や贈り物も積み込んだ（＊1）。

モリソン号が入港した山川港　＝指宿市

同船は六月二十八日、江戸湾の入口である浦賀に着いた。浦賀奉行の太田資統は同船の来航目的も質さず、打払令に従って警固の川越、小田原の両藩に砲撃を命じた。一発が同船に命中したが、損害は軽微だった。

同船は致し方なく浦賀を退去して西に向かった。いったん志摩半島の鳥羽港に入ろうとしたが、風雨高くてこれまた断念した。

その後、同船はさらに西に進んで、七月十日、薩摩半島南端の山川港に入った。漂流民のうち、庄蔵と寿三郎が上陸して交渉にあたった。二人は肥後出身だったので、隣国薩摩からの帰国を希望したのだろう。

薩摩藩側では異国船の山川入港が翌十一日、藩庁に報告された。城代家老の島津久風（日置家）が一隊を率いて山川に出陣した。

十二日、久風は二人に対し、「漂流民はオランダ人に依嘱《いしょく》して帰国させる国法になっている。それに従わなければ砲撃せざるをえない」と告げた(*2)。当時、オランダはわが国と唯一国交があったので、漂流民の送還はオランダを介して行うことになっていた。

二人は必死に帰国を哀願したが、久風は国法では許されないと説得し、食料や薪水《しんすい》を与えて慰撫《いぶ》したという(*3)。

二人は十年前に遭難し、「天竺《てんじく》国の内英国領の地」(中国沿岸部南端か)に漂着した。帰国を切に望み、モリソン号に同乗してきたという(右同書)。せっかく祖国の地を踏めたのに、帰郷できないことがわかった二人の落胆は察するに余りある。

同船が山川港に立ち寄ったのも、浦賀退去後、琉球国を通じて帰国を図ろうとし、琉球の太守は薩摩藩なので、じかに薩摩藩と話をつけようと考えたのだという(*4)。

久風は二人を船に戻したのち、モリソン号に砲撃を開始、退去させた。砲撃は数刻に及んだが、「皆空放(空砲)」だったという(右同書)。幕令に従いつつも、臨機の処置だったことがうかがえる。

もっとも、このとき、薩摩藩の砲術家が同船に装備された大砲を見学して、自藩の大砲が実用に適さないことを痛感したという。それを慨嘆《がいたん》した藩主の島津斉興《なりおき》は新たに長崎の砲術家、高島秋帆《しゅうはん》に西洋新式の砲術を学ばせるために藩士を弟子入りさせている（＊5）。

その後、広東に戻った漂流民たちは帰国の意思を捨て、香港やマカオに職を求めたという。彼らの望郷の念はついに実らなかったのである。

＊1　相原良一『天保八年米船モリソン号渡来の研究』野人社　一九五四年

＊2　『斉宣・斉興公史料』三三三号「天保八年山川港ニ英艦渡来ノ事実」

＊3　＊2に同じ

＊4　＊2に同じ

＊5　＊2三三四号「藩士鳥居平八兄弟ニ西洋新式ノ砲術ヲ高島四郎太夫ニ伝習セシム」

加徳丸襲撃事件

――長州攘夷派の仕業と謎

薩摩、長州の両藩は文久三（一八六三）年の八・一八政変以降、対立関係になった。攘夷決行を藩是としていた長州藩は下関で外国船への砲撃を開始した。攻撃対象は外国船に限らず、対外貿易の物資を積載した国内船も含まれていた。

それは薩摩藩関係の艦船も例外ではなかった。実際、同年十二月、薩摩藩が借用していた長崎丸が砲撃されたのをきっかけに沈没したことをかつて紹介した（＊1）。長崎丸事件からわずか二十日ほどしかたたないうちにまた同種の事件が起きた。加徳丸襲撃事件である。

同年十二月二十八日、鹿児島城下の下町《しもまち》の商人浜崎太平次（指宿出身）が所有する加徳丸（千石積み）が兵庫を出港して長崎に向かった（＊2）。

事件を調査した小倉在勤の唐物目付、土持平八の報告書によると、加徳丸は久見崎《ぐみざき》（現・薩摩川内市）の船手付《ふなてづき》の大谷仲之進が上乗《うわのり》（荷主の名代）として乗り込み、翌四（元治元、一八六四）年一月十二日、周防国の別府浦《べふうら》（現・山口県田布施町）に入った。別府浦を選んだのは船頭の松右衛門が同地出身だったからである（＊3）。

以下、土持の報告書から事件の経過を見てみよう。

同夜、突然正体不明の浪士たち五、六人が鉄棒をもって加徳丸に乗り込んできた。連中は船頭の松右衛門を呼び出し、船の責任者を呼ぶように命じた。寝入ったばかりの仲之進が起きて甲板に上がってくると、何かやりとりがあったが、突然、二、三人が鉄棒で仲之進を打擲《ちょうちゃく》した。暴漢たちはうめき声を上げる仲之進の首をかき切った。また船頭の松右衛門も殺害されてしまった。驚いた乗組員たちは冬の海に飛び込んで逃げた。

殺害された大谷仲之進が勤務していた久見崎港跡
＝薩摩川内市・川内川河口

暴漢たちはボイラーの燃えた薪を取り出して積荷の綿に火をつけ、船ごと焼き払った。船内には綿千百本を積み込んでいたという。

この暴漢たちは誰なのか。長州側の史料によれば、周防上関《かみのせき》に駐屯する長州藩諸隊のひとつ、義勇隊（総督・佐々木亀之助、秋良《あきら》敦之助、隊士・五〇名）に属する水井精一と山本誠一郎が首謀者だったという（＊4）。

当時、アメリカでは南北戦争たけなわで、南部の綿花栽培が大打撃を受けていたため、欧州（とくに英仏二カ国）では深刻な綿不足に陥っており、日本産の綿が高値で取引されていた。加徳丸に積み込んでいた綿も貿易品だった。

長州の攘夷派たちは薩摩藩が口では攘夷を唱えながら、綿を海外に輸出するものと疑っていた。水井と山本は仲之進の首級を大坂に運び、二月二十六日、東本願寺難波《なんば》別院（南御堂）の前に晒《さら》した。罪状を記した張り札には仲之進が海外貿易が目的だと白状したので殺害したとし、薩摩藩の海外貿易を激しく非難していた。そして二人はその場で自害して果てている（＊5）。

長崎丸事件から一カ月もたたないうちにこの事件が起きたため、長州藩側が危機感を抱いたことは想像に難くない。だから、この事件に藩は関知せず、一部の激派の暴走だとしようとした形跡がある。

長州の正史『修訂防長回天史』などは首謀者が水井、山本二人だとする。しかし、異説がある。二人は事件とは無関係なのに、久坂玄瑞《くさかげんずい》の命で品川弥二郎や野村靖《のむらやすし》から自害を強要されたという（＊6）。この事件の闇は深い。

＊1　南日本新聞連載「さつま人国誌」第二六三回「長崎丸沈没事件の真相」（二〇一三年一月七日掲載）、のち拙著『さつま人国誌』幕末・明治編3に収録　南日本新聞社　二〇一五年
＊2　『忠義公史料三』二〇九号
＊3　＊2二二二号「小倉在勤土持平八探訪届出書
＊4　末松謙澄『修訂防長回天史五』第六・九章　マツノ書店覆刻
＊5　『忠義公史料三』二四三号
＊6　野村靖『追懐録』　マツノ書店覆刻／一坂太郎『長州奇兵隊　勝者の中の敗者たち』　中央公論新社　二〇〇二年

箱館戦争の和平交渉と薩摩藩

——村橋久成らも加わる

前章（二四六頁）で、箱館病院で院長の高松凌雲《りょううん》と薩摩藩の山下喜次郎との間で見事な赤十字精神が発揮されたことを紹介した。

その直後から、この信頼関係を基盤にして、政府軍から呼びかけた和平交渉が始まっていく。またそのプロセスに参謀の黒田了介（のち清隆）をはじめ、少なくない薩摩藩士が関与している。

山下が「薩州隊改め」と大書した旗を掲げたのが明治二（一八六九）年五月十一日。その翌十二日夜半、薩摩藩の池田次郎兵衛（砲兵監事、一八三四〜一九一〇）と村橋直衛《むらはしなおえ》（軍監、一八四二〜九二）など数人が箱館病院を訪ねてきた（＊1）。周知のように、村橋は薩藩英国留学生の一人で、のちに村橋久成と名乗り、わが国の国産ビールの祖とされた人物である。

池田、村橋らの目的は負傷して入院中の会津藩遊撃隊の隊長である諏訪常吉（一八三三〜六九）を見舞うとともに重要な要件を依頼することだった。諏訪は在京時代、会津藩公用方の有力者であり、箱館に来てからは榎本軍の幹部の一人だった。

彼らは諏訪に見舞金十五両を贈るとともに、五稜郭と弁天台場への和平談判にあたってくれないかと依頼した。すでに政府軍の総攻撃が始まり、戦況は榎本軍が圧倒的に不利だった。そのため、政府軍側は犠牲者をなるべく少なくしようと和平＝榎本軍の降伏を探り始めたのである。

五稜郭　＝函館市

ところが、諏訪は重傷で気息奄々《えんえん》。応答もままならず、「このことは、高松、小野両人に託されたい」と答えるのがやっとだった（＊2）。

小野権之丞《ごんのじょう》は諏訪と同じ会津藩公用方の要人だったが、病院で高松の配下として働いていた。

諏訪の委託を受けた高松と小野は翌十三日、五稜郭の榎本武揚《えのもとたけあき》と松平太郎、弁天台場の永井尚志《ながいなおゆき》と川村録四郎に宛てて書状を送った。「じつに見事な奮戦で、士道においては感服の至りである。天朝はみな殺しにするつもりはなく、寛大な処分を約束している。和平の道を立てられたほうがよいのではないか」という内容だった（＊3）。なお、弁天台場は箱館湾の東端にある要塞で、政府方軍艦を砲撃して苦しめていた。

この書状を持参したのは薩摩藩士の田島敬蔵（実名・永山友右衛門）だった。田島は前年、秋田藩所属の軍艦高雄の艦長として箱館に入港したところを榎本軍に捕らえられたが、数か月後に釈放されたという経歴の持ち主。榎本軍に知友が多かったと思われ、使者となったのだろう（＊4）。

これに対する榎本たちの回答は十四日にあり、「五稜郭、弁天台場とも枕を共にして潔く天戮《てんりく》（天皇の軍隊に誅されること）に付し申すべく候」という徹底抗戦の宣言だった。そして、榎本秘蔵の海律全書はわが国にとって貴重な書物なので兵火に付すよりは、政府方の海軍提督に贈ってほしいと付け加えられていた（＊5）。

翌十五日、田島はあきらめず再び弁天台場に行き、榎本との直談判を依頼した。これを元新選組の相馬主殿《そうまとのも》が請け負い、五稜郭近くの千代ヶ岡の橋上で榎本との会見が実現したが、榎本はなおも和平を受諾しなかった。帰路、田島は「榎本君じつに惜しむべきなり」と慨嘆した（＊6）。

それからも交渉は曲折あり、政府軍は最後の一戦を前に五稜郭に酒肴《しゅこう》を贈るという、うるわしい一幕もあったが、十七日、榎本はついに兵士たちの助命を条件に降伏に同意した。翌十八日、五稜郭の開城となった。和平交渉にかかわった薩摩藩士たちの奔走が実ったのである。

＊1　『高松凌雲翁経歴談・箱館戦争史料』　日本史籍協会編　マツノ書店覆刻
＊2　＊1に同じ
＊3　＊1に同じ
＊4　「島田魁日記」『新選組史料集』　新人物往来社編・刊
＊5　＊1に同じ
＊6　＊4に同じ

開成所創設一五〇年

――薩藩英国留学生を輩出

二〇一四年八月、鹿児島市の観光ボランティアガイドさんの集まりでお話をする機会があった。テーマは幕末に開設された藩営の洋学校だった開成所《かいせいじょ》についてだった。

薩摩藩が開成所を設けたのは元治元(一八六四)年六月ごろなので、一五〇年余り前になる。開成所といっても、あまり知られていないかもしれない。同所は鹿児島城下にあった琉《りゅう》球館《きゅうやかた》(琉球王朝の在外公館と薩摩藩応接所)の東南海岸寄りに設けられたという(＊1)。現在の長田中学校の付近(現・鹿児島市小川町)だと思われる。

以前から開成所の案内板や石碑が建立されていないことが同所の認知度が低い一因だと思っていたところ、この講演会の主催者である鹿児島まち歩き観光ステーションのみなさんの奔走により、所在推定地付近に案内板が立てられたことを知った。大変意義あることだと思っている(次頁写真参照)。

では、開成所とはどんなきっかけで開設され、どんな教育機関だったのだろうか。

まず開成所の名称の由来だが、開成とは開物成務《かいぶつせいむ》の略で、中国の古典「易経《えききょう》」の一節にある言葉。人知を開発し、仕事を成し遂げることを意味する。幕府も薩摩藩より一年早く開成所（前身は蕃書調所《ばんしょしらべしょ》）を設けていた。

開成所が設けられたきっかけは、何よりも前年の薩英戦争の衝撃だった。英国艦隊の実力を思い知らされる一方、藩の軍事力や諸科学の遅れを痛感させられたからである。欧米列強に対抗できるだけの軍事力強化とそのための人材育成が喫緊《きっきん》の課題だったのである。

総責任者である開成所掛には大目付の町田《まちだ》久成《ひさすみ》が就任した。町田あての藩庁の辞令（家老喜入摂津の署名、六月付）には、「開成所の儀、容易ならざるご趣意を以て召し建てらる」云々とあり、国父島津久光か藩主島津茂久の命だったことがわかる（＊2）。

近年設置された開成所の案内板
＝鹿児島市小川町

藩主父子の命を受けて、開成所の開設を主導したのは、家老の小松帯刀や側役の大久保一蔵（のち利通）らである。

大久保が藩庁に提出した上申書では、①「惣宰《そうさい》」（校長）には人柄だけでなく、上司にいちいち伺うことなどせず「独決」するくらいの人材が必要。②学術に秀でた藩士の二男、三男など人品を見極めて選抜すべきこと、③藩校造士館の諸生のうち、学才と人品《じんぴん》ある者を五〇人から一〇〇人くらいを選んで開成所に入学させるべきだと訴えている（＊3）。藩内から成績優秀で、かつ志のあるエリートが選抜されたのである。

開成所の学科は海軍砲術、同操練、同兵法、陸軍砲術、同操練、同兵法、築城など軍事関連の教科を中心に、天文、地理、数学、測量、航海、器械、造船、物理、分析、医学などの諸科学や実学、語学を学ぶことになっていた。

教員も上から教授、助教、訓導師、句読師《くとうし》に分けられた。面白いのは学生に給与が支給されたことである。第一等の学生は四石八斗だった。

教員も教授の蘭学者、石河確太郎《いしかわかくたろう》や長崎留学経験者の人脈を利用して召し抱えられた。前島密《ひそか》、芳川顕正《よしかわあきまさ》、林謙三（のち安保清康《あぼきよやす》）など。異色なのは土佐の漂流民だったジョン万次郎がいる。また大久保一蔵によれば、坂本龍馬の仲間で海援隊士だった沢村惣之丞《そうのじょう》（変名：前河内愛之助）も数学に長じていたので、教官に推挙されている（＊4）。

翌慶応元（一八六五）年の英国留学生には多くの開成所の学生が選抜された。

＊1　犬塚孝明『薩摩藩英国留学生』中公新書　一九七四年

＊2　『薩藩海軍史』中　第五篇　公爵島津家編纂所編　原書房

＊3　『大久保利通文書一』六二号　公爵大久保家蔵版
＊4　＊3八二号　慶応元年八月八日付　新納刑部・町田久成宛て大久保一蔵書簡

筑前信国派の日本刀

――集成館の高炉鉄を混入か

鹿児島県の集成館事業などが世界遺産（明治日本の産業革命遺産）として登録されたことは記憶に新しい。

島津斉彬が創始した集成館事業の中心的なものは反射炉や溶鉱炉などの製鋼施設だった。大砲や軍艦の製造に欠かせない原材料だったからである。

このように、同事業はわが国の近代化の先駆けとして高い評価を受けているが、そこで製造された鋼鉄が意外にもわが国の古代からの伝統技術である日本刀にも使用された事例があることが判明した。

近年、その刀剣の所蔵者である山ノ内文治氏（鹿児島市小松原、会社経営）の事務所を訪れ、同氏のご好意でそれを拝見させていただくという貴重な体験をした。

この刀剣は筑前信国派の刀工の手になり、刀身はほとんど反りのない直刀に近いものだった。同派は薩摩や島津家との縁もある。江戸後期の薩摩藩主島津重豪《しげひで》の男子が筑前黒田家を継ぎ、黒田斉溥《なりひろ》となっている。同派は筑前藩主お抱えの刀工集団だった。西郷隆盛が所蔵したサーベルも同派が作刀としたといわれる。

茎《なかご》（刀身の柄《つか》の部分）に刻んである銘が興味深い。片面には「筑前国住源信国又左衛門尉義一　文久二年八月日」。もう片面には「薩藩士野村綱依望同国新出之高鈩《こうろ》鉄以作之」と刻んであった。

刀工は筑前信国派の又左衛門尉義一という人物で、幕末の文久二（一八六二）年八月に作刀している。そして薩摩藩士の野村綱が注文主である。

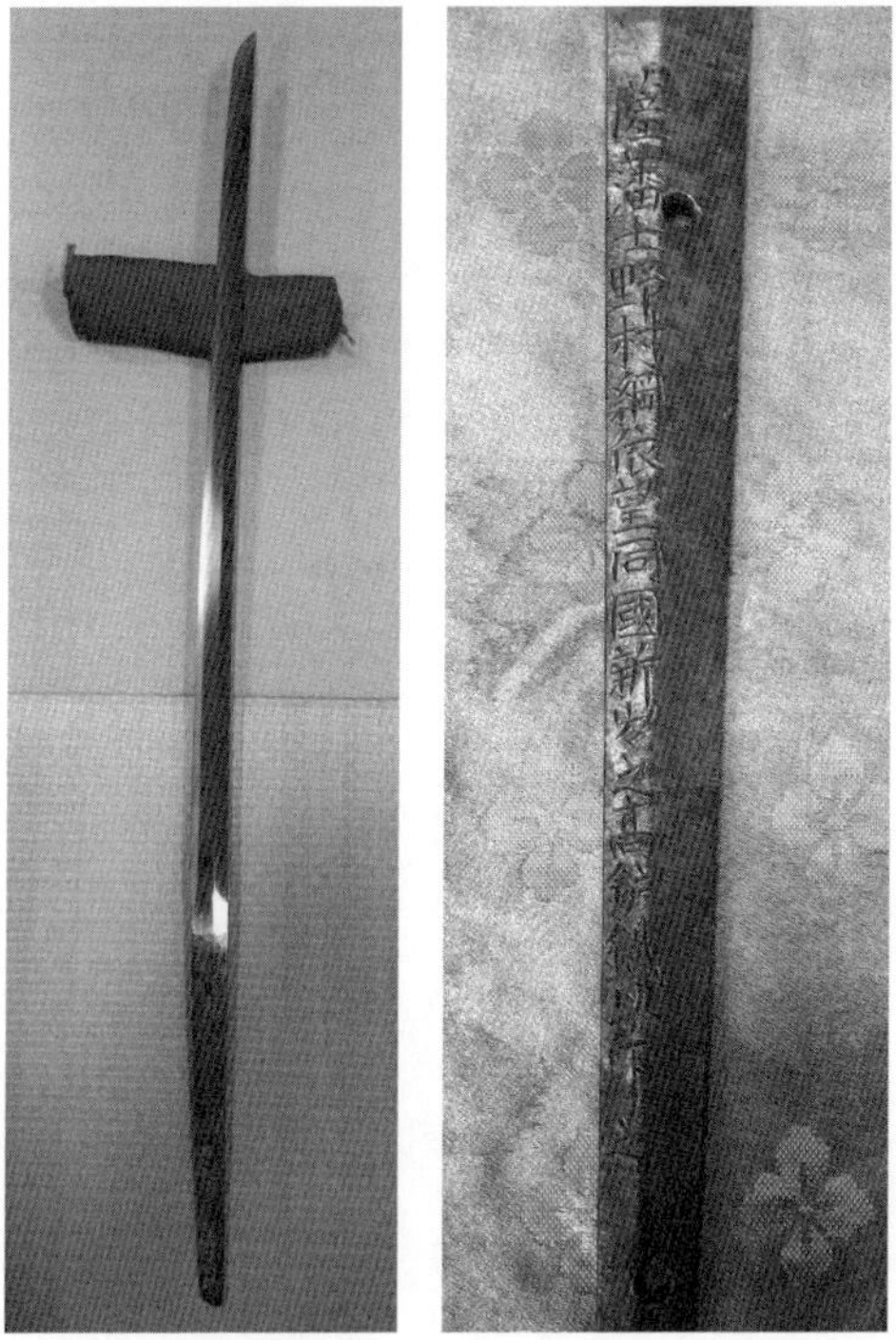

（左）　筑前信国派の刀
（右）　その茎の銘に「新出之高鈩鉄」が見える

注目すべきは、「同国（薩摩国）新出之高鈩鉄」で作ったという一節。「高鈩」（高炉）は溶鉱炉のことで、しかも「新出」というから、集成館の溶鉱炉で生産した鉄という意味だといわれる。

刀工は作刀するとき、材料の玉鋼《たまはがね》（伝統的な砂鉄を使った鋼鉄）に異質な鉄を混ぜることによって、刀身の硬度、強度を鍛える技法を使うことがあるという。

私は刀剣にはまったく門外漢のため、今回、刀剣に造詣が深い山下廣幸氏（元・黎明館学芸課長）に同行していただいた。同氏はこの刀の特徴について次のように語ってくれた。

「古来から玉鋼に外国産の南蛮鉄などを混入させて刀剣を鍛えることはよくあった。この刀は一般的な日本刀よりも、鏡面のように光っており、洋鉄を混ぜた特徴が出ていて興味深い」

なお、依頼主の野村綱（一八四五〜一九〇六）も興味深い人物である。元・鹿児島士族で、城下天神馬場出身。幕末に合伝《ごうでん》流兵学や荻野流砲術などを学んだ兵学家でもあった。

西南戦争直前、在京していた野村は鹿児島の様子を心配して、内務卿の大久保利通に帰郷して私学校党の様子など鹿児島の情勢を報告したいと申し出た。鹿児島に帰ってみると、大警視の川路利良の命で先に帰国していた警視庁の中原尚雄《なおお》らが一網打尽にされていたのを知って、野村は鹿児島県庁に自首している。一説によれば、その供述から西郷や私学校党が大久保政府への疑念をさらに深めたという（＊1）。野村は西南戦争後、文部省に勤務している。

今回、集成館事業で生み出された近代的な鋼鉄がわが国の伝統的な刀剣と出会ったことで、和洋の技術が融合するという数奇な場面をかいま見ることができた。

＊1　『鹿児島県史三』第六編　鹿児島県

沖小島と燃崎間の電気水雷
――薩英戦争で敷設も不発

桜島の燃崎《もえざき》とその沖合に浮かぶ沖小島《おこじま》の間に、文久三年（一八六三）七月の薩英戦争で、電気水雷が敷設されたことは知られている。両者間の距離は約九〇〇メートルあった。

電気水雷の製造は藩主島津斉彬の集成館事業の一環だった。またそれには電気や電信の技術が応用されていた。

斉彬が電信に着目したのは安政二（一八五五）年秋、江戸でのことである。電信に関する蘭書を蘭学者の緒方洪庵や川本幸民《こうみん》に翻訳させ、電信器械は集成館のメンバーである宇宿《うすき》彦右衛門や肥後七左衛門などが江戸・田町の藩邸で製造した。そして翌三年夏、江戸・渋谷藩邸で電信実験に成功している（＊1）。

斉彬は翌四年五月、参勤交代で鹿児島に帰ったとき、電信機も持参し、鹿児島城（鶴丸城）の本丸休息所と二の丸探勝園《たんしょうえん》の茶屋との間、約三〇〇間（約五四〇メートル）をつないで実験に成功した。現在、探勝園跡にはその石碑が立っている（＊2）。

同年九月、斉彬は磯別邸（現・仙巌園）に琉球官吏を招き、地雷と水雷の実験を見学させた。

どちらも電気が起爆装置になっていた。地雷は二十四斤砲弾と二十ドイム（直径約二十センチ）臼砲弾に火薬を詰めて電線で結び、地中六尺（約一・八メートル）に埋めて、電気装置を庭内の望嶽楼に置いて通電させたところ、爆発を起こし、別邸の背後の山岳を震動させたという（＊3）。

沖小島（左）と燃崎（右の岬）
＝鹿児島市桜島横山町、同持木町

水雷は木函に火薬五〇斤（約三〇キロ）を詰め、その上部に木材数十本を積んで海中に沈めて通電したところ、多くの木材が空中に飛揚するのが目撃された。斉彬は海防のために水雷数十個の製造を命じ、鹿児島湾のどこに敷設するかあらかじめ決めておくよう命じたという（＊4）。それが沖小島と燃崎の間だったかどうかは不明である。

それから六年後の薩英戦争の半月ほど前、長崎駐在の軍学者中原猶介《なおすけ》は集成館事業の一員でもあったので、斉彬が製造した電気水雷のことを知っていた。そして国許に書簡を送り、電気水雷の敷設を強く要請した。それには「近代西洋では、

桜島と沖小島に敷設されたとされる水雷（図録『維新と薩摩』より）

水雷が海陸戦とも防備の第一である。斉彬公が製造した器械が集成館に保管してあるから、神瀬近辺の七、八ヵ所に敷設すれば、敵艦は容易に内海には乗り入れられないだろう」とあった（＊5）。

　七月一日、器械製造に関わった宇宿彦右衛門が大山彦助や川上六郎などとともに、沖小島と燃崎の間に敷設した。それは厚さ一寸五分（約四・五センチ）の松板で、横三尺（約九〇センチ）、高さ六尺（約一・八メートル）で、火薬量は三〇〇斤（約一八〇キロ）だった（＊6）。

　斉彬時代と火薬量が違うが、改良を加えたのだろうか。また中原の構想では、敵艦が鹿児島湾の内海に侵入するのを防ぐためだったが、実際は敷設が開戦前日だったため、そのような使用法をとれなかったようである。

　七月二日昼頃、いよいよ鹿児島湾での薩英開戦となった。桜島側の袴腰、洗出、烏島の砲台も奮戦したが、次々と破壊された。英国艦隊は鹿児島側の砲撃を避けるため、桜島寄りのコースをとり、沖小島と燃崎の間を通過しようとした。そのとき、沖小島でそれまで沈黙を守っていた青山愚痴（和式砲術家）が指揮する大砲が火を噴いたので、英国艦隊は急拠、進路を西側に変更したから、水雷はついに不発に終わったのである（＊7）。

＊1　『島津斉彬公言行録』巻之一　岩波茂雄校訂　岩波書店
＊2　＊1に同じ
＊3　＊1に同じ
＊4　＊1に同じ
＊5　『薩藩海軍史』中　第五篇　公爵島津家編纂所編　原書房
＊6　＊5に同じ
＊7　＊5に同じ

幻の神瀬砲台

――斉彬期から築造計画

桜島・赤水町の沖約一五〇〇メートルに神瀬という岩礁がある。干潮時にその姿を現すといい、全長は三〇〇メートルほどで、現在は灯台が立っている（写真参照）。このちっぽけな岩礁がとくに幕末には大きくクローズアップされたことがある。

まず、戦国時代、神瀬の周辺で合戦になったことがある。元亀年間（一五七〇～七三）、島津氏と大隅の肝付・禰寝《わじめ》・伊地知の諸氏との間で船いくさが行われたという（＊1）。

それから三〇〇年近くたった幕末期、神瀬の軍事的な重要性に着目したのは藩主島津斉彬だった。

安政五（一八五八）年五月、幕府軍艦の観光丸が鹿児島に来航したとき、斉彬は同乗していたオランダ人教官のハントウエーンに海防上の意見をきいた。ハントウエーンは鹿児島城下と桜島の間に砲台を建設したほうがよいと進言した（＊2）。

それは、神瀬に八稜形の砲台、桜島洗出に三稜形の砲台、沖小島《おこじま》は平坦に削平し、砂揚《すなあげ》場《ば》（天保山）には六稜形の砲台を築いて、神瀬より北の内海に敵船を侵入させないようにする。さらに桜島と神瀬の間に水雷数十個を敷設するとともに、天保山と神瀬の間を埋め立てるか、土砂を入れて水深を浅くして大船が通過できないようにするという壮大なものだった（＊3）。

函館の五稜郭よりももっと稜角の多い、いわば八稜郭を神瀬に築造しようという構想があったのである。それを具体化する作業は集成館事業の有力な一員だった蘭学者の石河確太郎《いしかわかくたろう》（一八二五〜九五）が担当することになった（＊4）。だが、その直後、斉彬が急死したので計画は中止された。

桜島側から見た神瀬　＝鹿児島市桜島横山町

神瀬の存在がふたたび浮上するのは文久三（一八六三）年の薩英戦争後である。家老の小松帯刀が出した布達に「神礁（神瀬）ならびに桜島燃崎《もえざき》へ台場を神速にご造築すべきだと（藩主島津忠義の）思し召しである」とあった（＊5）。

その計画は大がかりで、神瀬には数十門の大砲を備えた台場を築くというものだった。そのため多数の人員が配置された。勝手方掛御用人の中村新助、伊知地壮之丞、軍役奉行の折田平八、伊知地正治などがいた。築造に必

神瀬に残る石積み跡

要な土石は磯天神社の背後にある桜谷（桜の名所で知られる）から採取するとした。築造の設計には右の石河と軍学者の折田要蔵が指名された（＊6）。

だが、この決定は薩英開戦の直前だったから、その実現はとても無理だった。それから二年後の慶応元（一八六五）年には神瀬砲台の築造が始まっていたようである。翌二年三月、英国公使パークスが江戸の薩摩藩邸で岩下佐次右衛門《さじえもん》（のち方平《みちひら》）で会談したとき、築造中の神瀬砲台について「再び戦端を開く準備をしているのか」と難詰している（＊7）。

神瀬砲台の築造は相当の費用がかかりそうだった。財源はあったのか。石河は大坂で海外貿易のため、大和産物会所を創設し、その利益一五、六万両から捻出したいと考えていた（＊8）。また市来四郎は偽金の天保銭（琉球通宝を改鋳）を充てるつもりだったと後世、回想している（＊9）。

しかし、海上での砲台建設は財政上よりも技術上の困難が伴ったと思われ、結局、神瀬砲台は完成しなかったのである。

＊1　「長谷場越前自記」『旧記雑録後編一』六〇三号／『三国名勝図会三』五代秀堯・橋口兼柄編　青潮社
＊2　『斉彬公史料三』三四号
＊3　＊2に同じ
＊4　＊3に同じ
＊5　『忠義公史料二』四五一号
＊6　＊5　四四〇号
＊7　『忠義公史料四』一九四号
＊8　『玉里島津家史料二』四三四号
＊9　「市来四郎自叙伝」（附録）七　『忠義公史料七』

幕末薩摩の豚肉料理
――燻製、豚汁、丸焼と多彩

東京・港区田町にあった薩摩藩江戸藩邸の上屋敷跡を発掘調査したら、大量の豚の骨が出土して話題になったことがある（写真参照）。

江戸時代には仏教の殺生禁断の教えが浸透しており、日本人は肉食を好まなかった。ところが、薩摩人だけは例外で、豚肉をよく食べた。黒豚王国・鹿児島のルーツを見る思いがする。

幕末の薩摩人が豚肉を食べたことが多くの史料に登場する。では、どんな食べ方をしたのだろうか。驚くなかれ、まさに現代人とほとんど変わらないのである。

嘉永四（一八五一）年、藩主となった島津斉彬が初めて鹿児島入りしたときの賄い料理のメニューに「豚汁」「いりふた（炒り豚）」がある。炒り豚は炒めて食したものだろう（＊1）。

斉彬はその後も豚肉を食していた。側近の山田為正の日記によれば、嘉永五（一八五二）年八月、参勤交代で鹿児島から江戸に向かう途中、川内で炒り豚が届けられ、九月六日、下関では山田が国元の納戸奉行や琉球館聞役に「煙豚」のことを問い合わせている。これは琉球の豚肉調理法で、「煙豚」とあるくらいだから、豚肉を燻製《くんせい》にしたスモークハム様のものか（＊2）。

家老の小松帯刀が一橋慶喜（のち十五代将軍）の豚肉好きにほとほと困った書簡が残っているのも有名である（＊3）。慶喜が何度も豚肉を所望するので、小松の手持ちがなくなり、これ以上は無理だと断ったと書かれている。小松は「琉球豚」とも書いており、豚肉は塩漬けが一般的で、琉球から伝来した調理法、保存法だと考えられる。

薩摩藩江戸藩邸から出土した豚骨
＝東京都港区立港郷土資料館所蔵

ところで、慶喜は豚肉好きだったため、「豚一《ぶたいち》殿」（豚の好きな一橋殿）とあだ名されていたほどである。じつは慶喜の豚肉好きには薩摩がかかわっているのではないか。

島津斉彬と水戸藩主の徳川斉昭の交流は知られている。両者の往復書簡には、斉彬が斉昭に豚肉を贈った記事が何度も登場する（＊4）。斉昭は秘蔵の息子慶喜に肉食や牛乳など西洋式の食べ物を勧めていた。慶喜の豚肉好きは斉彬の豚肉贈呈によるものだと思われる。

豚肉料理の定番に豚汁があるが、これも幕末にあった。西郷吉之助に同志の吉井幸輔（のち友実）が送った書簡に「豚の汁、熱からず、また冷えてもいず、よい加減に出来たので、都合のよいときにおいで下さい」とあり、豚汁を食べに来るよう勧めている（＊5）。

また土佐脱藩士の土方久元《ひじかたひさもと》（のち農商務大臣）は大宰府で三条実美《さねとみ》など五卿の護衛をしていた。慶応三（一八六七）年三月六日、同じく護衛の薩摩藩陣営に行ったところ、豚汁の馳走をうけたと書いている（＊6）。藩外の人間にも豚汁のふるまいが当然のように行われていたのである。

慶喜の側近だった渋沢栄一が元治元（一八六四）年二月頃、京都の二本松藩邸に西郷吉之助を訪ねたところ、西郷から豚鍋をふるまわれたとある（＊7）。これは豚汁か、すき焼き風の豚鍋だろうか。

圧巻は子豚の丸焼料理である。同二年六月、薩摩藩は英国公使・パークス一行を鹿児島に迎えて大歓待した。一日目は日本料理だったが、二日目は洋風料理でもてなした。パークスたちは薩摩藩側から出された料理に驚いた（＊8）。

「今日の饗応《きょうおう》中最も奇観は、一度シユツキングピグ三尾卓上に出て来れり」

これは suckling pig ＝子豚の丸焼のことだった。薩摩藩はこのような料理もお手のもので、英国人の舌も満足させたのである。

幕末薩摩の豚肉料理は想像以上に多彩で、現代にひけをとらなかった。

＊1　「斉彬公御家督初て御初入部其他留」　図録『海洋国家薩摩』　尚古集成館編・刊　二〇一〇年
＊2　山田為正「嘉永五年島津斉彬参府御供日記」『斉彬公史料四』
＊3　『玉里島津家史料三』　一二二七号
＊4　『島津斉彬文書上』　三号　弘化二年五月二日　徳川斉昭宛て書簡など
＊5　『西郷隆盛全集五』　一八二号　西郷隆盛全集編集委員会編　大和書房
＊6　土方久元『回天実記』　慶応三年三月六日条　新人物往来社
＊7　『渋沢栄一伝記資料一』「竜門雑誌」第四六一号　元治元年二、三月　竜門社編　渋沢栄一伝記資料刊行会
＊8　『忠義公史料四』　二三二号「英国公使鹿児島ニ来ル」

桐野　作人（きりの・さくじん）

1954年鹿児島県出水市生まれ。

歴史作家、武蔵野大学政治経済研究所客員研究員。

歴史作家として、戦国・織豊時代、幕末維新から中国史まで幅広く執筆活動を行うかたわら、講座・講演活動も精力的に行っている。現在、南日本新聞で「さつま人国誌」を連載中。

主な著書に『龍馬暗殺』（吉川弘文館）、『薩摩の密偵 桐野利秋』（ＮＨＫ出版新書）、『織田信長―戦国最強の軍事カリスマ―』（新人物往来社）、『島津義久』『だれが信長を殺したのか』（ＰＨＰ研究所）、『関ヶ原 島津退き口』（学習研究社）、『孤高の将軍 徳川慶喜』（集英社）などがある。

さつま人国誌
幕末・明治編４

2018年９月28日　初版発行

著　　者　桐野　作人
発 行 所　南日本新聞社
制作・発売　南日本新聞開発センター
〒892-0816　鹿児島市山下町9-23
TEL 099(225)6854　FAX 099(227)2410
URL http://www.373kc.jp/

ISBN978-4-86074-262-1　定価：1,300円＋税
C0021 ¥1300E